康乐服务与管理

主　编　曾　丹　刘　丹
副主编　张　洁
参　编　贾晓飞

北京理工大学出版社
BEIJING INSTITUTE OF TECHNOLOGY PRESS

图书在版编目（CIP）数据

康乐服务与管理／曾丹，刘丹主编 . —北京：北京理工大学出版社，2017.8
ISBN 978 - 7 - 5682 - 4676 - 7

Ⅰ. ①康…　Ⅱ. ①曾…②刘…　Ⅲ. ①文娱活动 - 商业服务②文娱活动 - 商业管理
Ⅳ. ①F719.5

中国版本图书馆 CIP 数据核字（2017）第 203796 号

出版发行／北京理工大学出版社有限责任公司
社　　　址／北京市海淀区中关村南大街 5 号
邮　　　编／100081
电　　　话／（010）68914775（总编室）
　　　　　　（010）82562903（教材售后服务热线）
　　　　　　（010）68948351（其他图书服务热线）
网　　　址／http：//www.bitpress.com.cn
经　　　销／全国各地新华书店
印　　　刷／三河市天利华印刷装订有限公司
开　　　本／787 毫米 ×1092 毫米　1/16
印　　　张／8.5　　　　　　　　　　　　　　　　　责任编辑／李慧智
字　　　数／200 千字　　　　　　　　　　　　　　　文案编辑／龙　微
版　　　次／2017 年 8 月第 1 版　2017 年 8 月第 1 次印刷　　责任校对／周瑞红
定　　　价／39.80 元　　　　　　　　　　　　　　　责任印制／李志强

FOREWORD 前言

随着世界经济的不断繁荣，中国旅游产业得到了长足的发展，成为国民经济的一个重要组成部分。饭店业作为旅游产业的一个重要分支，也在不断发展壮大。与此同时，随着人们休闲生活方式的兴起，康乐业在饭店的经营中起到越来越重要的作用。为适应康乐业和高职教育发展的趋势，针对职业教育院校的教育特点和康乐服务与管理课程的授课特点，我们编写了《康乐服务与管理》一书。本书适合高等院校相关专业教学使用，亦可作为社会从业人士培训、自学的参考用书。

本书从实际出发，将康乐部的服务与管理划分为认知康乐行业岗位、培养康乐服务能手和塑造康乐管理高手三个模块。在培养康乐服务能手模块中，将康乐服务划分为康体、娱乐和保健三大项目。本书结合我国饭店业康乐经营的实践，特点鲜明、主题突出、系统地介绍了饭店康乐服务与管理的理论知识、服务技能和管理方法，体现了较强的行业性和实用性。

参与编写的老师均为具备丰富的饭店管理经验的资深教师。他们在针对饭店康乐部进行深度调研的基础上，凭借科学严谨的工作态度和敬业精神，遵照国家和行业标准，确保了本书内容的完整性、实践性与精准性。

本书由曾丹、刘丹任主编，张洁任副主编，贾晓飞任参编。具体分工：认知康乐行业岗位部分由刘丹编写，培养康乐服务业能手与塑造康乐管理高手两部分由曾丹编写，康乐服务小贴士之突发事件处理技巧部分由张洁编写，最后由曾丹对本书进行统稿和校对。此外，为了使教材更贴近饭店企业的岗位需求，编写组还听取了饭店企业专家的意见，并邀请了大连中远海运洲际酒店康乐部经理贾晓飞先生作为编写者之一，采纳了他对本教材的许多宝贵建议。

本书在编写过程中，广泛吸取了国内众多专家的研究成果，编写的主要参考文献附在书后，书中并未一一注明，在此谨向相关作者表示感谢。由于编者阅历和编写水平有限，本书若有不足之处，敬请各位专家和广大读者给予批评和指正。我们殷切期望本书内容能够真正贴近读者需求，为您提供有益的思考与指导。

编　者
2017 年

CONTENTS 目录

情景导入

模块一　认知康乐行业岗位

情景再现

模块二　培养康乐服务能手

为适应旅游市场淡旺季的发展规律，迎合企业人才需求，着重培养学生职业能力，大连职业技术学院旅游与酒店管理学院于2013年暑期正式启动旅游行业"旺季顶岗实习"校企合作项目，这象征着旅游企业与我院深度融合、合作关系更进一步。该项目大力支持学生参与旅游企业各岗位的顶岗实习。项目推进至今，旅游企业对我院学生的专业知识和个人素养给予极大的肯定，并希望更多符合行业要求的学生能够充实到旅游企业的各个岗位。2016年暑期此项目再掀高潮，我院酒店管理专业百余名学生经过校企双向选择招聘会分别到大连各大知名五星级饭店开始了为期三个月的实习生活。

　　经过层层严格的压力面试和体检等环节，同学小康如愿以偿地到某五星级饭店康乐部实习。问及小康同学选择康乐部实习的初衷时，他是这样认为的：康乐部不同于前厅部、客房部和餐饮部这些业务核心部门，它是饭店服务的进一步完善和延伸，地位同等重要。随着饭店业的发展和人们生活水平的提高以及生活节奏的日益加快，人们需要通过一定的方式来调节和放松自己，以恢复身体机能的平衡，因此康乐部的发展空间与日俱增。通过康乐部的实习，我可以更加全面地掌握康乐部各岗位的一线操作技能和技巧，了解并熟悉部门的运作，进一步完善专业知识，真正实现理论知识与岗位实践的充分结合，提升职业能力。

　　实习之初，小康需要接受饭店为期三天的入职培训、专业的部门岗位培训，他全面系统地学习了康乐部相关的专业知识，开拓了眼界，提高了认识。

模块一
认知康乐行业岗位

项目一　康乐部概述

 学习目标

　　了解康乐部在饭店中的地位、作用和任务；熟悉康乐部的项目分类与设置依据；了解康乐部的组织机构与人员设置；掌握康乐部的经营方式及管理特点；了解康乐部的发展现状及未来前景。

 学习重点

1. 康乐部在饭店中的地位及作用。
2. 康乐部的项目分类与设置依据。
3. 康乐部的组织机构与人员设置。

 学习难点

1. 康乐部的项目分类与设置依据。
2. 康乐部的组织机构与人员设置。

任务一　康乐部的地位及作用

　　现代生活中，人们更加关心自己的身体和心理健康，追求健康、积极、美好的生活方式，以提高健康水平和生活质量。随着康乐行业的发展，饭店康乐部等现代休闲中心正成为现代人追求游乐享受的最佳场所。饭店是一个包含多种设施、具有综合服务功能的现代化建筑，它的功能和设施设备标准随游客的需要而不断发生变化。在饭店的众多部门中，康乐部是现代饭店一个新兴起的部门，按照中华人民共和国国家旅游局《旅游涉外饭店星级评定标准》规定，涉外星级饭店必须具备一定的康乐设施。因此，康乐是涉外饭店不可缺少的先决条件，不具备良好康乐设施的旅游饭店，无论在其他方面如何优越，都不属于完善的涉外饭店，或不予评审等级。由此可见，康乐部是涉外饭店不可缺少的部门之一。

康乐部（Club），又名康乐中心、康体部、康体中心，它是饭店组织客源、销售康乐产品、组织接待和对客服务，并为客人提供各种综合服务的部门，是完善饭店配套附属设施和服务的重要机构。饭店康乐部通常提供的康乐设施主要有健身房、游泳池、台球室、壁球室、乒乓球室、网球场、高尔夫球室、KTV、歌舞厅、棋牌室、保健按摩室、SPA水疗馆等。不同星级、不同经营类型的饭店所提供的项目各有差异。通常，康乐部是人流量较大、流动性较强、客人逗留时间较长的消费场所，是客人身心与情感体验较为强烈的场所，也是客人形成对饭店印象较为深刻的场所。因此，康乐部运行的如何将直接影响饭店的整体服务与质量、管理水平、经济效益和市场形象。由此可见，康乐部的管理体系、工作程序，康乐部每名员工的服务意识、职业道德、服务质量、知识结构、操作技能、应变能力及言谈举止等，无一不对饭店的形象和声誉产生深刻的影响。

一、康乐部在现代饭店中的地位

（一）康乐项目是饭店等级的重要标志

按照国际惯例，旅游饭店星级的评定规格和标准中规定，三星级饭店要有康乐设施，四星级以上饭店必须有康乐部。在我国，根据中华人民共和国国家旅游局颁布的《旅游涉外饭店星级评定标准》规定，四、五星级饭店必须具备歌舞厅、棋牌室、健身房、按摩室、桑拿浴室或蒸汽浴室、游泳池、网球室、壁球室、台球室、电子模拟高尔夫球场、乒乓球室、美容美发室、多功能厅、儿童娱乐室、独立的鲜花店等。由此可见，康乐部在饭店中的地位非常重要。

（二）新颖的康乐项目是吸引客源的重要手段

饭店竞争的重要优势是有其自身的特色，其中以服务项目、设备功能以及价格、营销方式为特色吸引客源是非常必要的。仅能提供一般食宿功能的饭店在竞争中的优势是有限的。所以，饭店只有增加康乐项目，改善康乐设施设备条件或开设独特的康乐活动，才能在竞争中取胜。

（三）康乐部创收是饭店营业收入的重要来源

目前，在我国的一些饭店，康乐部的规模越来越大，与客房部、餐饮部并列成为饭店创收的主要部门，甚至有些饭店的康乐部已经超过其他部门成为酒店的第一大部门。完善的康乐设施设备、优雅的康乐环境，能够吸引大批旅游者和当地消费者。不少旅游者常常是因为某个饭店的康乐设施和环境或对某一康乐活动特别感兴趣而住宿。康乐设施的完善、康乐器械的现代化和先进性，常常会吸引大量的康乐爱好者。正是由于康乐受到越来越多的旅游者和公众的青睐，饭店的经济效益也取得了意想不到的效果，很多旅游热点的饭店，特别是一些大城市和经济较发达地区的饭店，康乐部的经济收入在整个饭店的总营业额中已占有很大的比重。此外，康乐部不仅可以作为饭店的附属机构存在，而且还能够作为独立的行业存在。

二、康乐部在现代饭店中的作用

(一) 有利于扩大饭店的服务范围

随着人们生活水平的提高，客人的消费需求越来越多样化，单纯的客房、餐饮已不能满足客人住店期间的消费需求。加强饭店康乐设施、设备的投入，提供多种形式的康乐服务项目，为客人在正常的商务、会议、旅游、餐饮活动之外提供更为广泛的选择空间，对提高客人的生活质量，满足客人的精神需求有着重要的作用。许多饭店在设计中充分考虑了客人的康乐需求，增加各种室内或室外的健身、娱乐、保健等服务项目，扩展了饭店的服务范围，稳定了饭店的客源，有利于饭店的进一步发展。

(二) 能够满足客人的康乐需求

"康乐"是具有现代意识的旅游新概念，从字面上讲就是健康、快乐的意思，指满足人们健康和快乐需要的一系列活动。它包括康体活动、休闲活动、娱乐活动、文艺活动、声像活动、美容保健活动等，所涉及的知识和领域非常广泛，如体育、健美、卫生、心理、审美、时装等。现代康乐是人类健康物质文明和精神文明高度发展的结果，也是人们精神文化水平提高的必然要求。随着居民可支配收入和时间的增加，人们对休闲、健身、娱乐等更高层次的精神消费需求也随之增加，社会康乐消费意识也在不断提高，现代康乐活动越来越成为人们日常生活中不可缺少的内容。

康乐部已成为继客房、餐饮等部门之后的重要营业部门，其运行的状态直接影响饭店的整体服务质量、管理水平、经济效益及市场形象。从客人方面考虑，康乐部能够满足客人运动、健身的需求，满足客人美容、美体的需求，满足客人保健、娱乐的需求。

(三) 能够增加饭店的营业收入

随着人们对身心健康的关注程度越来越高，在选择住宿地点时，客人也会充分考虑饭店所能提供的各种康体娱乐服务，康乐项目具有较强的休闲娱乐性、多样性、趣味性，能较大范围地满足客人不同层次的需求，因此康乐项目为饭店带来的收入具有很大的弹性，尤其是一些商务型客人、旅游度假型客人和年轻人对此方面的要求会更高。康乐项目一般小型多样，用人少、流动资本少、成本低，其设施和项目的完善程度越高，对客人的吸引力就越大，康乐项目的消费增多，必将提高整个饭店的收入和盈利水平。

(四) 可以提升饭店的整体形象

对于一家服务设施完善、康乐服务项目齐全的饭店来说，客人往往会从心理上对饭店的等级产生认同和信任感，从而提升饭店的整体形象。所以，国家星级饭店的评定标准中对不同星级的饭店在康乐活动的设置上有明确的规定，服务设施达不到要求的就不能成为高档次的饭店，这样可以有效促进星级饭店硬件水平的不断提高。

三、康乐部在现代饭店中的任务

现代饭店是设施设备完善、功能齐全、智能化控制的综合性群体建筑，它是以提供住宿、餐饮、商务、购物、娱乐和健身等不同服务项目为主的系列化多样性产品，从而满足社会大众对社交、体育、文化、健康需求的服务机构。饭店康乐部的设置是其社交、商务、文化活动的完整构件，是饭店文化和功能的另一个代表和载体。

（一）满足客人康体健身的需求

随着社会的进步，人们对康体健身的要求也在不断提高。因此，康乐部应设置不同形式的康乐项目，如健身房、游泳池、网球场、高尔夫球场、台球室、壁球室、乒乓球室、沙狐球室等，以满足不同客人的不同需求。

（二）满足客人休闲娱乐的需求

休闲娱乐活动具有很强的娱乐性、放松性、选择性，受到不同年龄、不同阶层人士的欢迎。不同消费人群完全可以根据自己的喜好选择相应的休闲娱乐项目，例如电玩、扑克、麻将、卡拉 OK 等。它既满足了客人的休闲娱乐需求，也可以使人精神放松，心情愉悦。因而，现代饭店中各种休闲娱乐项目的设备可以为饭店内、外的客人提供丰富多彩的娱乐生活，同时也是人际沟通、商务往来的一种必要的补充手段。

（三）满足客人保健养生的需求

繁忙的工作与生活，往往使人的身心处在亚健康的状态。如何缓解疲劳、释放压力、保持身心健康已成为现代人非常关注的问题。现代饭店中一些具有特色的康乐项目，如 SPA、桑拿浴、按摩、刮痧和拔罐、美容美发等，可以帮助人们调节身心，缓解压力，增强身体对疾病的抵抗能力，满足人们营养保健的需求。

（四）满足客人卫生的需求

随着康乐活动的普及，康乐部设施设备的使用频率增大，细菌交叉感染的情况也增多，如果卫生状况不好，很可能对客人的身体健康造成危害，如跑步机的把手、游泳池的水质、台球厅的球和球杆、卡拉 OK 的麦克风、按摩床等。因而，做好康乐部的卫生清洁工作，为客人提供一个卫生、舒适、优雅、安全的活动场所，是康乐部的一项重要工作任务。

（五）满足客人安全的需求

康乐部的重要任务之一是要为客人提供一个安全舒适的康乐消费环境，保证客人的人身、财产安全。设备的损耗和老化会使不安全因素增加，如果不加强康乐部设施设备的日常检查、保养，以及维护设备的正常运转，客人在消费过程中就可能受到伤害。例如，水滑梯的接口不及时检修，就可能发生划伤客人皮肤的事故；游泳池附近的地面如果滋生青苔，就可能造成客人滑倒摔伤等。饭店应加强对康乐部服务人员的专业知识和技能的培训，科学指导和帮助客人参加各种康乐活动，以减少安全隐患，降低意外事故的发生。

（六）满足客人对康乐技术技巧的需求

康乐部的康乐项目众多，有些设备又具有较高的科技含量，使用时必须按照有关的使用规定去操作，否则就可能损坏设备或发生其他事故。对初次到康乐部消费的客人来说，只有掌握较为全面的技能、技巧，才能避免发生意外，提高运动的效果，这就需要康乐部的服务人员向客人提供耐心、正确的指导性服务。例如，健身房的运动器械各不相同，设备的复杂程度也不一样，尤其是那些较为先进的进口设备，如由电脑控制的健身自行车、跑步机等；而一些运动项目的技术性很强，需要服务人员向不熟悉的客人提供技术服务，包括陪客人练习等，以帮助客人达到较好的运动效果，如网球、壁球、台球等；有些项目还可以通过开办培训班的形式向客人提供技术服务，以满足他们在运动技能、技巧方面的需求。

任务二　康乐部的项目分类与设置依据

随着饭店业竞争的日益激烈，其原有食宿方面的利润拓展空间逐渐缩小，除了传统的住宿、餐饮竞争外，饭店经营者必须不定期地挖掘新的收入来源，康乐项目也成为饭店开发项目的首选。

一、康乐部的项目分类

"康乐"，从字面意思看是指健康、快乐，它是满足人们追求健康与快乐的各种行为方式的总和，是人们消除亚健康的有效方式。"康乐"的基本含义为：能使人们提高兴致、增进身心健康的快乐消遣活动。

康乐部是随着饭店康乐业的发展而出现的经营部门，康乐部的发展速度及其规模变化是很快的。根据参与者具体目的的不同，康乐活动可分为康体项目、娱乐项目和保健项目三大类型。

（一）康体项目

康体项目是人们借助一定的康体设施、设备和环境，通过自己积极的参与，达到锻炼身体、增强体质的目的的活动项目，是具有代表性的、易于接受的、趣味性强的运动项目。然而康体项目不是专业体育项目，摒弃了体育运动的激烈性、竞技性，以不打破自身身体承受力为前提，是具有较强娱乐性、趣味性的活动项目。

现代康体项目为了适应消费者的需求，在其发展的过程中逐渐形成了下列特点：需要借助现代化、科学性的设施设备和场所；具有特定的锻炼目的；康体运动运动量适中，以不打破身体承受力为前提。

（二）娱乐项目

娱乐项目是指人们借助一定的娱乐设施、设备和服务，使顾客在参与中得到精神满足，得到快乐的游戏活动。娱乐项目自古至今是人们生活中不可缺少的消遣活动，歌舞、围棋等一直是深受广大老百姓喜爱的休闲娱乐活动。到了现代，娱乐项目因其门槛低、趣味性强、参与性强，以及能够给人们精神上带来愉悦感而成为广大人民喜爱的消费方式。

饭店作为一个微缩的社会，客人来自各行各业，遍及世界各地，娱乐需求也因人而异，各有不同。康乐部在提供娱乐项目时，需要分析客人的消费需求，综合考虑饭店的具体情况、所在地的人文历史，以及开设娱乐项目的背景等。

（三）保健项目

休闲保健项目是指通过饭店提供相应的设施、设备或服务作用于人体，使顾客达到放松肌肉、促进循环、消除疲劳、恢复体力、养护皮肤、改善容颜等目的活动项目。旅游涉外饭店在为前来消费的客人提供保健类康乐活动时，由于受经营空间的影响，在经营过程中更侧重休闲保健。休闲保健的经营项目包括我国老百姓所信服的传统保健按摩、刮痧、足疗、经络排毒等，也有传统保健与西方保健结合后涌现出的水疗、美容美体、茶疗等内容。

二、康乐项目设置的依据

（一）市场需求

近些年来，随着全民健身运动的兴起，人们对康体健身、休闲娱乐、保健养生等方面的需求更加全面，饭店康乐部要针对人们的这些需求进行康乐项目的设置。康乐部除了给客人提供康乐场所之外，还承担着人们交流感情、交换信息、洽谈业务的重要功能，这也赋予了现代康乐的含义。康乐项目的设置需要不断扩展，从形式到内容上都要符合市场的需要。从市场总体来看，消费者在休闲娱乐健身等方面的需求不可能得到完全满足，总会有一些未被满足的需求。另外，消费者的需求也会随着市场的发展、环境的变化、时间的推移而不断变化；市场需求会随着人口数量、经济收入、文化水平、竞争规模、商品供应量和价格、资源开发等因素的变化而变化。

（二）国家政策和饭店星级

康乐活动作为具有现代意识的旅游新观念，越来越受到人们的重视。在西方国家，明文规定"休假型饭店"和"公寓式饭店"要有健身、娱乐设施，并附设康乐部。根据国家技术监督局颁布的《旅游涉外饭店星级的划分及评定标准》，在饭店进行星级评定时，对康乐设施的设置有明确的规定。因此，饭店在设置康乐项目时，应该认真学习国家有关的政策法规，还应当向当地的文化、体育、公安、消防、工商、税务等部门咨询，在国家政策法规允许的范围内设置康乐项目。

（三）饭店资金能力

康乐项目的设置应该依据投资者投入的资金情况量力而行。建设一个综合娱乐项目所需要的资金相当于建一座相当规模的饭店，但建一个饭店附设的适度规模的康乐部门则用不了那么多资金。这一点投资者及设计者要心中有数。

（四）客源消费层次

客源的结构决定了消费能力，而消费能力又影响了对饭店康乐项目的消费水平。饭店康乐项目的设置，要在调查研究的基础上根据客源层次及其相应需求来决定，即市场定位要准确：要注意区分工薪阶层与高薪阶层、商务客人与纯度假的旅游客人需求的不同，要根据不同顾客的不同需求设置相应的康乐项目。

（五）客房接待能力

一般情况下，根据饭店客房接待能力可以推算出饭店康乐部需要的接待能力，以此确定康乐设施的设置规模，这是针对只接待住店旅客的饭店而言。如果饭店康乐部同时接待店外散客，这时就要考虑市场半径之内的客流量，并以此为依据确定饭店康乐部的规模。

（六）康乐项目经营的社会环境

与康乐项目经营联系较为密切的社会环境有地区经济环境、人文环境和政治环境等。在设置康乐项目时，应该把社会环境作为依据之一。

（七）康乐项目的未来发展趋势

随着物质文明和精神文明的提高，人们对康体健身、休闲娱乐、保健养生等方面的需求也越来越高。因此，在饭店康乐项目设置时，应注重康乐业的发展，适时推出一些新潮、让消费者满意的康乐项目，使企业获得最大的效益。

任务三　康乐部的组织机构与人员设置

康乐部的组织是康乐部正常运转的重要条件，保障着康乐部的正常运行，维系着康乐部的经营，是康乐部管理的重要内容。它包括组织机构和管理体制、各管理层次的职能权限、管理和作业的分工协作、规章制度等。设置康乐部的组织机构及工作岗位时，要以饭店的管理系统及运行模式为指导，实现高效率的管理。

一、康乐部组织机构的设置原则

由于市场定位、接待规模、经营方式以及经营管理者的经营理念和管理模式的不同，康乐部的类型、规模和组成也存在差异。但是，康乐部组织机构的设置原则是一致的，主要体现在以下几个方面。

（一）适合经营需要原则

康乐部的组织形式要为康乐部的经营服务，其组织机构要根据经营业务按需设职，遵从组织精简的原则进行机构的设置，建立严格的岗位责任制，明确分工职责，杜绝人浮于事的现象，做到高效而精干。

（二）遵循专业化分工协作原则

专业化分工协作是将一个复杂的工作分解成多个相对比较简单的环节，把单个的环节分配给具体的人去操作。康乐部在进行内部的机构设置时，必须先明确功能和作用、任务、内容、工作量是否合理以及和其他项目的关系等；然后进行细化分工，把复杂的工作变得简单，使每个具体操作的服务员易于掌握，从而达到熟练、规范，以提高服务人员的服务质量和服务速度。当然，分工时也不可过于细化、专业化，否则会使服务人员感到工作单调枯燥、缺乏挑战性，从而降低员工的工作积极性。

（三）考虑管理幅度、管理层次的有效控制原则

管理幅度是一名管理者能够有效指挥下级人员的数目。一个管理者对下级来说，要负责下达命令、协调关系、检查执行指令的情况，还要激励下属等。因此，一名管理者能够有效领导的下属人数是有限度的，这个限度与被管理人的自身素质、工作能力、工作经验、工作难易程度以及工作区域的划分有着直接的关系。如果管理者的管理幅度超出了适宜的数目，就无法进行有效的领导；如果管理幅度达不到适宜的数目，就会增加管理成本，造成成本和人才的浪费。

管理的有效控制是指管理者要通过自己的工作来实现饭店的经营目标，发挥员工的主观能动性。为了能顺利完成管理任务，康乐部内部的机构设置必须明确其功能、作用、任务、内容、工作量，以及各个项目之间的关系等，建立适当的管理幅度和管理层次，使康乐部高效地运转，同时也需要注意避免机构臃肿。

（四）因才用人、才职相当原则

康乐部机构的设置要有利于发挥各级人员的业务才能，发挥他们的主观能动性，用人之长。在康乐部配备员工时，需要考虑两个方面的问题：一是员工的才能和其担任的职位的适应度，即必须根据职务和岗位的工作性质来选择与之相适应的人选，做到知人善任、因才用人。康乐部提供消费项目的参与方式、活动特点、服务模式各不相同，需要有相应特长的人来参与服务或管理，如游泳池的救生员、健身房的教练员等。二是机构内部人员的配备要与机构承担的业务相适应，在人员的数量、资历、专业技术能力方面都要科学调配、有效配合，从而形成一个高效率的机构。

二、康乐部组织机构的设置形式

康乐部在饭店的组织机构中一般有两种模式：一是将康乐部隶属于饭店的某一个部门；二是康乐部作为一个独立部门存在。采用何种模式主要取决于康乐部在饭店投资或经营中的比重及其创造的经济效益。若作为独立部门，组织机构见图 1-1。

三、康乐部工作人员的素质要求

（一）康乐部工作人员的一般要求

1. 思想素质要求

（1）具有正确的人生观、世界观和全心全意为客人服务的思想。

（2）热爱本职工作，并努力做好本职工作。

（3）具有钻研和创新的精神。

（4）具有高尚的职业道德。

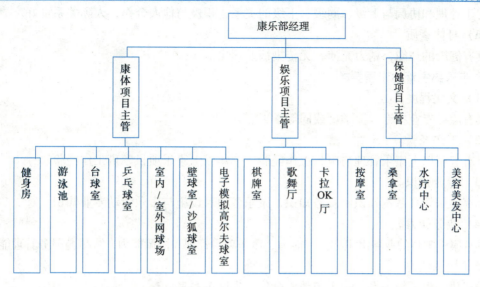

图 1-1　康乐部组织机构

（5）遵守涉外工作纪律。

（6）遵守饭店规章制度。

2. 业务素质要求

（1）具有高中或高职以上文化程度，并具有一定的饭店外语的会话能力。

（2）熟悉本岗位工作程序，了解相关工作知识，能够熟练进行操作。

（3）有积极向上、勇于进取、不屈不挠的钻研精神，不断提高业务水平。

3. 仪容仪表要求

五官端正，举止端庄，微笑待客。

4. 身体素质要求

身体健康，无传染病及病史。

（二）康乐部管理人员的素质要求

1. 康乐部经理的素质要求

（1）文化程度。

高等院校大专以上毕业或具有同等学力；持有国家旅游主管部门颁发的部门经理上岗资格证书；有一门以上外语会话能力。

（2）工作经验。

具有八年以上康乐管理和服务工作经验，且至少有五年以上主管工作经验。

（3）专业知识。

具有饭店基础管理知识，康乐设施和音乐、体育活动专业知识，懂得计算机以及康乐销售与项目管理知识。

（4）业务能力。

具有决策、组织、营销和人力资源开发与管理方面的突出能力。

（5）协调能力。

善于处理和协调与上级、同级、下级的关系，积极与他人合作，人际关系良好。

（6）身体素质。

具有健康的体魄，精力充沛，无传染病及病史。

2. 康乐部主管的素质要求

（1）文化程度。

具有旅游专业中专以上学历或同等学力。

（2）工作经验。

具有五年以上康乐管理与服务工作经验，一年以上康乐项目领班工作经验。

（3）专业知识。

具有康乐管理基本知识和服务知识，康乐各项目设施与康乐活动专业知识。

（4）业务能力。

具有康乐项目的业务组织和推销能力、康乐项目管理和协调能力、人事与财务管理能力。

（5）协调能力。

善于协调上下级关系，善于与他人合作，人际关系良好。

（6）身体素质。

身体健康，精力充沛，工作承受能力强。

3. 康乐部领班的素质要求

（1）文化程度。

旅游职业高中毕业或具有同等学力。

（2）工作经验。

具有三年左右康乐服务经验。

（3）专业知识。

具有康乐设施项目管理基础知识，人事与财务管理的一般知识，康乐活动专业知识。

（4）业务能力。

具有一定的组织能力，并能对康乐设施进行检查、清洁和调试。

（5）协调能力。

善于协调上下级关系，善于与他人合作，人际关系良好，能够正确处理与客人的关系。

（6）身体素质。

健康状况良好，精力充沛，无传染病及病史。

（三）康乐部服务人员的素质要求

康乐服务工作具有专业性强、技术要求高和独立工作性强的特点，因此对从业人员的素质要求非常高。

1. 台球室、乒乓球室、网球场、壁球室、沙狐球室服务人员的素质要求

（1）文化程度。

具有高职以上学历。

（2）工作经验。

有一年实践经验，掌握台球、乒乓球、网球、壁球、沙狐球规则和计分方法。

（3）专业知识。

熟悉为客人服务的整套程序。

（4）业务能力。

能为客人示范，并能与客人进行训练或比赛；熟悉场内各种器材与设备，能正确使用和保养。

（5）协调能力。

能够与客人相处，人际关系良好。

（6）身体素质。

身体健康，能够长时间站立服务。

2. 健身房服务人员的素质要求

（1）文化程度。

具有高职以上学历。

（2）工作经验。

有一年以上的实践经验。

（3）专业知识。

熟悉卫生保健知识，掌握人体肌肉组织结构与骨骼组织结构，掌握安全救护知识。

（4）业务能力。

熟悉健身器材的性能，并能安全操作；能正确为客人做出各种示范动作；能满足客人提出的陪练要求；能根据客人的需要为客人制订健身训练计划。

（5）协调能力。

能够与客人相处，人际关系良好。

（6）身体素质。

拥有强健的体格，能长时间站立服务。

3. 游泳池服务人员的素质要求

（1）文化程度。

具有高职以上学历。

（2）工作经验。

经过专业游泳训练和游泳救生培训，持有救生执照，有一年以上实践经验。

（3）专业知识。

熟悉游泳的基本知识和安全救护知识。

（4）业务能力。

掌握各种游泳姿势和技能；能为客人进行各种游泳安全姿势的示范；能熟练运用游泳池内的各种设备和器具；能指导客人运用池内的各种设备；当客人游泳发生危险或意外时，能及时、迅速地做出判断，并进行救护；掌握水质净化处理技术。

（5）协调能力。

能够与客人相处，具有良好的人际关系。

（6）身体素质。

拥有强健的体魄，能较长时间站立服务。

4. 电子模拟高尔夫球室服务人员的素质要求

（1）文化程度。

具有高职以上学历。

（2）工作经验。

有一年左右的实践经验。

（3）业务知识。

熟悉高尔夫球的规则和计分方法，熟悉高尔夫球整套的服务程序，懂得高尔夫球运动员的服饰知识。

（4）业务能力。

懂得高尔夫球的发球技巧，能指导客人进行训练。能根据客人的性别、年龄和体重帮助选择不同重量的球杆和练习场，能够做好球场的清洁工作。

（5）协调能力。

能够与客人相处，具有良好的人际关系。

（6）身体素质。

拥有强健的体魄，能够长时间站立服务。

5. 棋牌室服务人员的素质要求

（1）文化程度。

具有高职以上学历。

（2）工作经验。

有一年左右的实践经验。

（3）专业知识。

熟悉各类棋、牌的基本知识；熟悉棋牌室的整套服务程序；能够满足客人提出的合理要求。

（4）业务能力。

掌握各类棋、牌的规则和计分方法，必要时能陪同客人娱乐助兴。

（5）协调能力。

能够与客人相处，人际关系良好。

（6）身体素质。

身体健康，能够长时间站立服务。

任务四 康乐部的经营方式及管理特点

一、康乐部的经营方式

（一）按照经营主体划分

1. 传统自营式管理模式

传统自营式管理模式是最常见的管理模式。康乐部的人、财、物和所有业务由酒店统一经营和管理。这种模式的优势是酒店能根据自己的发展需要统一规划，协调发展；不足是适应市场变化的能力较差，这也是大部分酒店康乐经营盈利性差的原因之一。

2. 业务外包式管理模式

酒店将康乐经营外包给专业型的企业来经营和管理，即购买第三方的服务而不是由酒店内部员工来完成这些工作。这有利于酒店将注意力集中到自己有竞争力的核心业务上。从事专业康乐经营管理的公司，不仅在项目经营上具有可靠性、专业性、前瞻性、系统性，而且能降低经营成本，比自己做更有把握。现代酒店的一些附属或非主营业务，如美容美发厅、歌舞厅等常外包给外面的企业来经营。在国外，酒店业务外包是比较流行的一种管理模式，在我国也成为酒店业的一种发展趋势，但业务外包应选择专业特征明显并具有一定知名度的服务企业或机构。

3. 独立实体式管理模式

当康乐部门独立对外业务量比较大、市场影响力较大时，为了便于开发康乐业务，康乐从酒店中独立出来，以新的合资、股份或作为酒店子公司等独立实体而存在，如以独立的俱乐部模式来经营康乐业务，这样酒店可以将康乐经营的风险或不确定性转变为正常的、可预见性的。

（二）按照经营指标划分

1. 无硬性指标的经营方式

此种经营方式适用于附属形式的康乐机构。酒店或旅游企业不对康乐部定硬性指标，主要为住店客人服务。这主要是出于两个原因：一是酒店或旅游企业的康乐项目刚开业，对消费的客流量还不太清楚，价格定位也正在摸索当中，康乐部处于试营业阶段，经营指标难以确定；二是企业决策层采用价格渗透法定价，即将康乐项目的价格渗透到客房费用中，每个康乐项目不再另收费。这时从表面上看康乐部没有收入，也无需定指标。

2. 有硬性指标的经营方式

此种经营方式是指由康乐部的经理承担硬性经营指标，企业进行集中管理和控制。在经营过程中，由企业总经理在充分调研的基础上为康乐部规定经营管理目标和经济指标。同时，也赋予康乐部经理一定的权力，由其直接担负经营管理责任。

（三）按照顾客与企业的关系划分

1. 会员制经营方式

会员制经营方式是一种特定的经营方式，主要是为了维持老顾客。消费者向康乐项目经营者缴纳一定数额的会费或年费取得会员资格后，可享受一定的价格优惠或折扣。经营者要对会员资源进行维护，关注客人的消费，分析客户的消费频率和消费金额，适时调整经营项目和策略，注重发掘会员深层次的需求和欲望，培养会员忠诚度，并吸引新的会员加入。

2. 非会员制经营方式

非会员制经营方式的康乐部，主要面向住店客人，强调住店客人消费利益的维护。在对本地客源的经营中，没有固定的会员消费者，只有在经营项目的设置和服务上下功夫，为本地的消费者提供方便和优惠，才能吸引客人并保持较为理想的客流量。

二、康乐部的管理特点

(一) 设施管理的严密性和灵活性

康乐部拥有种类繁多的设施设备，在管理上存在着鲜明的个性。主要表现为管理组织上的严密性，劳动纪律方面的严肃性，营业时间、服务方式和服务内容方面的灵活性。康乐部服务项目很多，每个项目的运行规律又有较大差别，因此，管理上的灵活程度也不一样。例如，健身房和高尔夫球分属室内和室外运动，在服务模式上就存在很大的区别。

(二) 经营项目的适应性

康乐部经营项目的适应性主要表现在适应客人不断发展变化的需求上。康乐项目以其趣味性强、盈利丰厚而吸引众多的经营者，但客人需求不断更新变化，因而经营者只有认真研究市场，不断适应市场变化，加强服务质量的管理，不断更新康乐项目和设施，才能迎合客人的需求，使企业立于不败之地。此外，康乐经营项目还应该考虑适应消费者的习俗、地理区位特点和季节特点，这样才能更客观地选择康乐项目和经营形式，从而获得康乐项目经营和管理上的成功。

(三) 经营管理中的协作性

康乐部可经营的项目种类繁多，在经营时既要考虑项目的独立性，又要考虑项目之间的关联性，强调服务的延展性。例如，健身房服务人员向客人推荐水疗和保健按摩服务，既可减轻客人大运动量后的疲劳，又可推销相关产品，从而提高部门的收益。

(四) 服务对象的随机性

康乐项目与餐饮项目、客房项目相比，其接待服务对象的随机性较强。康乐项目的营业销售水平和接待人次不像餐饮和客房那样具有较明显的规律性，往往受到社会条件、自然条件和消费者的兴趣、爱好、年龄、身体状况等多种因素的影响。例如，中青年客人参与康体项目较多；保健类项目则适合年长或体弱者。各项目消费群体的不同决定了康乐部服务管理的随机性。因此，服务人员需要为客人提供个性化的服务，使客人的期望值和满意度统一，从而增加康乐部的经济效益。

三、康乐部的管理任务

(一) 提供能满足消费者康乐需求的产品和优质的服务

康乐需求是在满足客人基本生理需求之外的一种高层次的需求，也是现代人不可缺少的一种需求。着眼于客人需求，康乐部应尽可能开设丰富多彩的经营项目，并提供优质的服务以满足不同客人的需求。康乐部在设立娱乐项目时要注意把精神文明和精神糟粕区别开来，必须守法经营。同时，还要用发展的眼光，发掘有新意、有创意的项目。

(二) 满足客人卫生和安全的需求

为客人提供一个安全、洁净、优雅的康体娱乐环境是康乐部的基本任务之一。在安全方面，任何一项活动都可能存在不安全因素，服务人员应时刻注意客人的活动情况，及时提示客人注意安全规范。此外，客流量的增加使得康乐设施的使用次数增加，设备的损耗随之增大，由于设备的原因而产生的不安全因素也会增加。如果不注意设备保养和安全检查，就有可能给客人带来不必要的伤害。在卫生方面，要经常进行场地的环境卫生保护和设备清洁工作，保持空气清新。此外，要注意严格控制噪声，积极采取措施降低噪声强度。

（三）扩大营业收入、提高创利水平

康乐部存在的终极目标是为企业获取最大的效益。因此，扩大营业收入、提高创利水平成为其最主要的任务。在人们对健康娱乐活动的需求日益增大的今天，饭店的康乐部成了企业扩大收入、增加利润、增强竞争力的重要手段。各企业应广泛进行市场调查，抓住客源市场，有针对性地开发新的康乐项目，并通过大量的宣传和促销为企业创造最大的经济效益。

（四）树立企业的高品质形象

树立企业的高品质形象主要包括硬件和软件两方面。树立硬件形象应注意确保各项康乐设施设备的先进性和功能的齐全性；各康乐场所的设计、装潢、布置要新颖、合理、美观；能及时提供最新、最酷、最炫的康乐活动项目和信息，引领时代潮流，与时代同步，树立本地区最前沿场所的形象。软件形象主要包括管理和服务。康乐部的管理者应具有良好的艺术修养、专业知识和美学知识，有对美的追求和独特的品位；熟知康乐业的发展动态和经营方向；能运用科学的管理方法管理本部门；制定规范的服务程序，不断提高员工素质。服务人员应有良好的个人修养，不断强化专业知识，经常进行专业训练，平等待客、以礼待人，及时为客人提供服务等。

任务五 康乐业的发展现状及未来前景

一、康乐业的发展现状

（一）新颖的康乐项目层出不穷

随着社会的进步和经济的发展，人们对康乐活动的需求也在不断增加。同时，国内外的实践经验也表明，康乐经营的生命力在于不断地自我更新。例如，高尔夫球本是一项传统的康体项目，但由于其自身条件和客观条件的限制而不易普及推广，西方发达国家先后开发出城市高尔夫球（也称微型高尔夫球或迷你高尔夫球）和模拟高尔夫球。桑拿浴是一项传统的保健项目，近年来，经营者又陆续开发了光波浴、瀑布浴、泥浴、沙浴、药水浴、牛奶浴、米酒浴、茶水浴、花水浴、薄荷浴等，逐渐形成了洗浴文化。此外，康乐业又推出了室内攀岩、滑草、沙狐球等新兴的康乐项目。新项目的涌现，给康乐业带来了活力，从而促进

了行业的发展。

（二）康乐活动的文化色彩日益浓厚

康乐活动是一种高雅的精神消费，可以使人们消除疲劳、缓解压力、舒畅心情、恢复精力、提高兴致、陶冶情操等。因此，康乐消费不仅要以一定的经济条件为基础，而且需要一定的文化氛围。例如，高尔夫球历来被认为是一种文明、高雅的康体项目，人们置身于由蓝天、绿草、树丛、水塘、沙地构成的球场之中，呼吸着清新的空气，做出优美、潇洒的击球动作，在这种舒适、和谐的环境中，人们的情趣和言行都会得到陶冶。此外，康乐活动也是由低层次向高层次发展，越来越具有文化色彩。例如，美国的迪士尼乐园具有非常浓重的童话电影色彩。

（三）突出主题的经营理念受到重视

在康乐活动快速发展的今天，经营者们更加注意研究如何拓展经营空间。除了开发新颖设备、扩大经营规模外，在经营理念上更加注意突出主题。例如，在以电影为主题的游乐园中，"迪士尼"和"环球"是两个较大的乐园，它们拥有经验丰富的管理人员，能够把影片成功地转换成主题乐园的游乐设施。中国的主题乐园发展也很快，先后建设了上海迪士尼乐园、无锡影视基地、深圳中华民族园、北京世界公园等，特色鲜明。

（四）康乐设施和经营主体大幅度增加

随着世界经济的不断发展，康乐业也在不断发展，康乐设施和经营主体在大幅增加。随着人们对康乐活动需求的增加，经营康乐项目的主体已从星级饭店向度假村、康乐中心扩展，还出现了许多专营康乐项目的企业。

（五）参与康乐活动的人数越来越多

随着经济的发展和社会文化水平的提高，人们的康乐需求也不断提高，越来越多的人希望在闲暇时参与一些有益于身心健康的康乐活动。另外，康乐需求的扩大促进了康乐服务人员的增加，参与康乐活动的人数越来越多。我国台湾地区的多所高等院校都开设了高尔夫球选修课，高尔夫球已成为体育教学中最受欢迎的科目。北京近年来已经开设了专业高尔夫学校和台球学校，这些学校源源不断地培养着康乐服务和管理人员，为康乐业扩大经营输送了大量人才。

（六）康乐项目的收费水平趋于合理

随着市场经济的发展和人们消费观念的转变，康乐业的收费水平越来越合理，大多数康乐企业都能制定出符合实际的收费标准，为广大中、低收入人群提供了享受现代康乐项目的机会和条件，康乐项目开始大规模地走向寻常百姓。

二、康乐业的未来前景

（一）康乐经营在经济活动中所占的比重将会增加

从世界角度看，康乐行业进入经济活动始于西方经济发达国家，后来又逐渐发展并占据了较重要的经济地位。经济的高速发展促进了我国康乐业的发展，使其成为一项新兴产业，在国民经济中占有越来越重要的地位。

（二）康乐消费在人们生活消费中所占的比例将会增大

随着物质生活水平的提高，人们的消费观念和消费结构也在发生着转变。近年来，我国经济一直保持较快的发展速度，国民收入增长速度也非常快。人们已不再满足于一般的温饱型生活，而产生了较高层次的需求。康乐消费是一种休闲性的消费，它要求消费者有余钱和闲暇。

（三）康乐服务和管理水平将会明显提高

在我国，康乐业处于初始阶段，其服务和管理水平很低，但已有了长足的发展，康乐管理也开始由经验管理型向科学管理型转变，主要表现为：经常举办康乐服务和管理培训班；关于康乐服务和管理的专业论著和教材不断出版，使康乐管理趋于规范化和系统化；关于康乐经营的政策法规正在不断完善，为经营者合法经营明确了方向。

（四）康乐设备的科技含量将会不断增加

随着科学技术的进步和市场需求的增加，康乐设备的科技含量会越来越高，其性能也会越来越好，设备的现代化使原有的康乐项目日趋完善。

思考与练习

1. 简述在管理中如何调动康乐部工作人员的积极性并提高其服务意识。
2. 试分析康乐部组织机构的设置对康乐部的影响。
3. 试比较康乐部经营的三种方式，并说明各种方式的适应范畴。

案例分析

张小姐准备投资经营瑜伽馆，并将客源锁定为当地的都市白领阶层。在简单分析了目标客源后，将瑜伽馆的选址定在某酒店附属的高档写字楼中，经营思路是让客人在工作闲暇时享受放松的感觉。随即张小姐租用了该写字楼200平方米的办公室，将其改造为瑜伽馆。由于做完瑜伽后不适合洗澡，并且受到租用场地本身建筑格局的限制，瑜伽馆设置了接待台、休闲区、洗手间、更衣室、办公室、常规瑜伽健身房、高温瑜伽健身房后，没有再设置沐浴间。在装修风格上，张小姐选择了地中海风格，采用蓝白色调，使用白灰泥墙、赤陶地面、马赛克拼贴装饰以及锻打铁艺家具来突出自由、天然、浪漫的感觉，并用圆形拱门及回廊营造出延伸的透视感，在非承重墙上运用半穿凿的方式塑造出室内的景中窗，营造出从容闲适、自由简洁的风格。瑜伽馆刚开业时，张小姐通过派发免费体验券、开业特惠酬宾等一系列手段，吸引了部分会员。生意算是火爆了一阵，可没过半年，就开始走下坡路了。张小姐与退会会员联系交流，发现主要原因是经营项目过于单一，时间长了感到枯燥无变化；随着冬季的到来，赤陶地面和铁艺家具使人感到冰冷坚硬；健身教练更换频繁；洗手间面积狭小等一系列问题。

等到张小姐了解到这些问题之后，随即引入了肚皮舞、普拉提之类的软性健身项目，可这个时候缺少沐浴间的硬伤也随之浮现，严重影响了会员的招募。

思考并回答：

1. 你认为张小姐的健身馆在经营中为何会出现这样的问题？是什么导致了这种情况的发生？

2. 假设你是管理者，你认为应该如何避免类似问题的出现？

情景再现

　　培训结束后，小康同学开始了在康乐部的正式实习工作。这次的顶岗实习采用了交叉培训与轮岗实习的方式，他的实习岗位是康乐部一线服务员。这次实习无疑是小康深入了解康乐部的绝佳机会，他不仅可以了解康乐部的康体、娱乐和保健三大项目的种类和特点，熟悉各个项目的相关知识，而且可以掌握相关的服务技能与技巧，能够为今后在康乐部的长足发展奠定扎实的理论和实践基础，可谓受益匪浅。

模块二
培养康乐服务能手

项目二　康体类项目的服务

 学习目标

了解康体类项目的定义、分类；熟悉康体类各项目的设计与布局要求及方法；掌握康体类各项目的分类以及设施设备的使用；熟悉康体类各项目的工作职责及任职资格。

 学习重点

1. 具备为康体类各项目提供优质服务的能力。
2. 掌握康体类各项目的服务程序。
3. 具备指导消费者从事康体类各项目运动锻炼的能力。

 学习难点

1. 具备为康体类各项目提供优质服务的能力。
2. 掌握康体类各项目的服务程序。

康乐活动可分为康体、娱乐和保健三大类项目，其中康体项目是人们借助一定的康体设施设备和环境，通过自己积极的参与，达到锻炼身体、增强体质的目的的活动项目，是具有代表性的、易于被人们接受的、趣味性强的运动项目。它包括健身项目、游泳项目和球类项目。为适应消费者的需求，现代康体项目在发展过程中逐渐形成了自身的特点：需要借助现代化、科学性的设施设备和场所；具有特定的锻炼目的；康体运动的运动量适中，以不打破身体承受力为限等。

任务一　健身项目

健身运动是康体运动项目中的一种，它是饭店康乐部最常见的经营项目。健身房经营项目的综合性强，集田径、体操、举重等多项运动于一体，能提供各种科学的、齐全的、安全

的体育训练设备，它是一种综合运动场所，不同运动项目可以达到不同的健身效果。健身房参与者可以自行选择设备设施并进行有计划的康体活动，同时健身房也会向会员提供专业指导，辅助制订科学、详细的健身计划。

一、健身运动项目的分类

饭店为客人提供健身运功的场地多为健身房。健身房一般配备跑踏步、骑车、划船等器械与心肺功能训练设备，还会开设有氧舞蹈等训练，帮助训练者在若干项目的组合训练中，使身体大多数肌肉得到锻炼，并以播放音乐等多种形式增加锻炼的趣味性。根据训练者的训练目的可将健身项目分为以下几类。

(一) 心肺功能训练项目

心肺功能指的是人的摄氧和转化氧气使其成为能量的能力。整个过程涉及心脏制血及泵血功能、肺部摄氧及交换气体能力、血液循环系统携带氧气至全身各部位的效率，以及肌肉使用这些氧气的功能。因此，心肺功能的好坏直接关系到人体代谢功能的强弱和健身锻炼后机体恢复功能的快慢。

1. 跑踏步运动

跑踏步运动是指通过使用踏步机、跑步机、登山机等运动器械达到增强心肺功能、增强体质的目的的健身运动。训练者使用相应的运动器械，就可以原地做踏步、快速短跑、长跑，甚至可以进行马拉松式和登山式的跑步运动。这类器械的跑踏板非常灵敏，训练者可以自己掌握训练的节奏、强度和方式。这类健身运动器械往往配有热量消耗显示和心率监测装置。这样，训练者既可以直接了解每次训练所消耗的热量，还能及时掌握训练时的脉搏次数，以便随时控制训练强度。

2. 骑车运动

健身房的骑车运动目前已被开发成动感单车项目，是一种在固定自行车上完成的高强度有氧练习。健身自行车最独特的地方就是可以自由改变车轮的阻力，座位和手柄都可以很方便地根据个人的身材调节。它可以提高训练者的心肺功能、腿部肌肉耐力及协调性。骑车运动的减脂效果好，尤其针对臀部和腿部，对下半身塑形有很好的效果。此外，动感的音乐和迪厅的灯光效果，能起到缓解工作压力和放松的作用。这类自行车通常有电脑显示器，可以准确地记录骑车速度、地势以及运动者的心跳速度。运动者还可以根据需要自动调节地势和骑车速度。

3. 划船运动

划船运动是使用划船机，模仿划船动作的运动。划船的动作循环转变依序分为入水、拉桨、出水以及回桨四个阶段。运动时，身体的每一个屈伸动作和划桨的手臂动作，能使人体大约90%的伸长肌参与运动。划船动作对活动脊柱关节、锻炼背部肌肉有着显著的效果，同时也可以增强心肺功能。先进的划船机为齿轮链条传动型的，带有电脑屏幕，机体较长，划起来动作舒展、幅度大；而经济型的划船机多为杠杆或气泵阻力，使用时有效划动的距离很短。

(二) 力量训练项目

力量训练项目是标准健身房的主导项目，与心肺功能训练项目之间是相辅相成的。健美运动中，需要进行举重和各种负重训练来发展肌肉力量和增大肌肉的体积，同时许多运动项目在训练过程中也经常采用举重和各种负重训练来发展肌肉力量。力量训练可以有效地将体内的脂肪转化为肌肉，具有强壮骨骼、减少糖尿病危险、防治心脏病、防治腰背及关节疼痛、增强竞技能力、增添生命活力等功效。

在力量训练项目中，可分为力量型训练和肌肉锻炼。力量型训练从本质上说，是人类走、跑、跳、投的基础，是影响人体运动系统功能与效用的重大因素之一，是蹲类、腿举类、腿屈伸类、腿弯举类、挺举类和推拉类举等六大力量项目训练方法的总称。它的直接益处是保持和提升骨骼的强度和密度、关节的韧度和幅度、韧带的弹性和长度、肌细胞的活力和数量、肌肉的力量和爆发力，以及神经传导的速度和应激反应的质量。正是运动系统的这些要素构成了我们健康生活的坚实基础。肌肉锻炼是缓解健康问题的有效途径，它包括健身器材训练、徒手训练和伸展训练，是围绕身体的各部位设计的。在肌肉锻炼中，除了腿部训练借用了力量训练的一些主要项目，大多数上肢训练项目都是力量训练中没有的。肌肉力量的增强依赖于一定负荷的科学训练，运动负荷的合理程度直接影响锻炼效果。

健身器械蝴蝶机

（三）健身操项目

健美操项目具体分为竞技性健身操、表演性健身操、健身性健身操。健身操与器械锻炼的效果有所不同，前者是以心肺功能以及身体协调性、灵活性锻炼为主，并具有减少皮下脂肪的作用，而后者则以肌肉锻炼为主，使皮下脂肪通过锻炼转变为肌肉，使力量得以加强；使线条较为健美。有氧健身操是一种富有韵律性的运动。它通过长时间持续的运动，不仅使心肺功能增强，而且还能锻炼大肌肉群，通过锻炼保持精神舒畅、活力充沛。

1. 竞技性健身操

竞技性健身操的主要目的是"竞赛"，其比赛项目有男单、女单、混双、三人和六人几种类型，以成套动作为表现形式，在成套动作中必须展示连续的动作组合、柔韧性、力量与七种基本步伐的综合使用，并结合难度动作完成。

2. 表演性健身操

表演性健身操的主要练习目的是"表演"，它是事先编排好的、专为表演而设计的成套健身操，时间一般为 2~5 分钟。表演性健身操的动作较健身性健身操动作复杂，音乐速度可快可慢，并为了保证一定的表演效果，动作较少重复。表演性健身操的练习者不仅要具备较好的协调性，还要有一定的表演意识和集体配合的意识。

3. 健身性健身操

健身性健身操练习的主要目的是"锻炼身体、保持健康"。它的动作简单，实用性强，音乐速度也较慢。为了保证一定的运动负荷和锻炼的全面性，动作多有重复，常以对称的形式出现，练习时间一般为 1 个小时左右。在练习的要求上根据个体情况而定，严格遵循"健康、安全"的原则，以防止运动损伤的发生，在保证安全的基础上达到锻炼身体的目的。

踏板操

二、健身房设备功能介绍

健身房是康乐企业或饭店康乐部的重要组成部分，也是客人经常光顾的地方，其设备的质量直接影响企业在客人心目中的形象和企业经营目标的实现。健身房的设备较多，其五个功能区域，即心肺功能练习室、体能训练室、哑铃练习区、健康舞室或精神放松练习室和体能测试中心等，都有各自相应的设施设备，而且其设备的品种、规格、型号、档次等各不相同。

（一）心肺功能训练设备

心肺功能训练一般有自行车设备、跑步机设备两大类。

1. 自行车设备

自行车设备种类很多，特别是电脑设备在自行车训练项目中的运用使其训练功能大大提高，设备品种开发越来越多。这里简单介绍两种比较先进的自行车训练设备。

（1）心率控制自行车。

心率控制自行车采用先进红外线科技，把个人心率传送至自行车，调控阻力负荷，增加或减少运动量，使运动训练更有效率、更加安全。

（2）电脑运动训练资料自行车。

这是日本研制的新一代自行车设备。它具有电脑运动训练资料功能，能增加、更改及保留个人健体资料，使运动训练更易管理、更有趣味性。另外，它还可以随身携带，开创了健体运动新境界。

2. 跑步机设备

电动跑步机是健身房及家庭较高档的器材。它通过电机带动跑带，使人以不同的速度被动跑步或走动。由于被动地形成跑和走，从人体用力上看，在电动跑步机上跑、走比普通跑、走省去了一个蹬伸动作。正是这一点使人在相同的时间内跑步机上跑步、走路比普通跑步、走路多1/3左右的路程，能量消耗也比普通跑、走要多。另外，由于电动跑步机上的电子辅助装备功能非常多，可体验不同的跑步环境，如平地跑、上坡跑、丘陵跑、变速跑等，也可以根据个人的锻炼目的进行选择。跑步机设备种类很多，有独立式跑步设备和联合式跑步设备，有单功能跑步设备和多功能跑步设备。特别是随着科学技术的发展及新兴科技在跑步机设备领域的应用，新的跑步机设备层出不穷。下面介绍几种跑步机设备。

（1）电脑彩色荧幕台阶练习器。

电脑彩色荧幕台阶练习器的特点主要有：第一，彩色荧幕显示训练过程，使训练更加有趣味性。第二，设置12个电脑程序，可与电脑模拟系统进行比赛。第三，有特阔踏板及安全扶手，非常安全。第四，台阶练习器除训练心肺功能外，还可清除下肢脂肪，特别适合女子使用。第五，设有触摸式荧幕程序输入系统，使用方便。

（2）专业型跑步器。

专业型跑步器是经多年研制的最新产品。除继承一贯的专业设计外，它还采用了最新研制成功的双层浮动防震系统，以吸收人体跑步时产生的所有震动，使单调的跑步运动变得更加舒适、更有效率。

（3）轻巧型跑步器。

轻巧型跑步器是美国最流行、最受欢迎的跑步器。它采用2.6cm厚密度双面打磨跑步带，使跑步运动更加舒适。

（二）力量训练设备

力量训练是任何标准健身房不可缺少的运动，它与心肺功能训练是相辅相成的。力量训练设备的主要功能是帮助训练者减少脂肪、塑造体型，使体型变得更加健壮、优美，力量训练已成为标准健身房的新潮流。设备主要包括以下几种。

1. 自由训练器械

自由训练器械包括哑铃、杠铃和举重盘，其重量、型号多样，可以根据需要在不同的时候用不同重量的器械。它为各种训练提供了最大的自由度，可以不受限制地训练各个部位的肌肉。其训练自由度很大，必须要有专业人员现场指导，选择合适的重量，进行合适的运动，以免造成伤害，影响训练效果。在更换哑铃、杠铃的重量时，要注意安全。自由训练器械的最大好处是可以利用有限的器械方便地完成许多不同的训练。比如，一架有12个功能的机器只能提供12种训练，而一张长凳、几个哑铃和杠铃，再加上一些铃片，就可以训练所有的肌肉。

哑铃操

2. 可选择的机器器械

可选择的机器器械指在功能上可以有不同选择的器械，包括以下几种类型：

（1）单平台机器，指某一种力量训练机器可以为某一种肌肉或肌肉群提供训练。

（2）复合平台机器，指某一种力量训练机器可以为两块肌肉或肌肉群提供训练。

（3）多平台机器，指某一种力量训练机器可以为多块肌肉或肌肉群提供训练。它通常设计好了训练姿势，某些先进的器械也可以同时变换两种姿势，以创造更加自由的感觉。它一般设有最大强度调节钮，可根据实际情况选择强度，以达到理想的训练效果。这一器械既安全又可靠，但通常是按照大众化的身材所设计的，所以对特殊身材，如肥胖者等则不太适用。

3. 可调整重量块的器械

在可调整重量块的器械上可以随意添加或减去重量块，既可体验自由器械训练的自由度，又能享受机器器械训练的安全和舒适。它通常为专业运动员所选用，也适用于各种水平的训练者。这样的器械事先设计了训练动作，可以调节训练强度。由于它可承受很重的力量训练，对于需要超强力量的运动员来说非常理想。它可以进行单臂或单腿训练，使训练者感到动作很灵活，但对小个子训练者不太适用。

4. 电脑或气动式器械

电脑或气动式器械是最现代化的、运用了高科技的器械。它的训练姿势也是事先预定好的，只需按一下按钮或调整一下屏幕上的显示，便可以开始一套适合自己需要的训练。它最大的好处是可以进行一些先进的训练。研究发现，运动员在减慢运动速度又同时保持训练强度时，可以达到更好的力量训练效果，而利用电脑或气动式器械设备运动，更加安全。

5. 拉力皮筋器械

这一类型的器械价格低，容易操作。在做各种动作时，可随意组合姿势，充分运动全身。在选择时，也需要专家指导，以达到正确的姿势和理想的效果。它最大的缺点是强度不足，对需要大运动量训练的人不太适用。

（三）体能测试设备

体能测试仪器是任何健身中心不可缺少的配套设备。训练前，应该先进行系统体能测试，以便更有效率地制订运动训练计划，避免受到不必要的伤害。高科技体能测试仪器能准确评估体能，使运动训练安全而准确。体能测试仪器主要有：血压仪，体型量度尺，身体柔软量度器，肺功能分析仪，皮层脂肪量度仪，心率、血压及重量仪器组合，电脑脂肪测量仪，电子心率显示仪，身体成分测试仪等。

1. 血压仪

即电子血压量度器。

2. 体型量度尺

体型量度尺是量度体型的标准版，它能提供准确的专业分析。

3. 身体柔软度量度器

它能量度人体的柔软弹性；运动前测试，可避免运动训练时受伤。

4. 肺功能分析仪

它能测量各种肺排气量，配合电脑科技设计而成，准确可靠。肺功能分析仪采用先进的微电脑处理系统，能检测出人体的用力肺活量、量大通气量、气道阻力、小气道状况等数据及其曲线，并对受试者的肺功能障碍进行自动分析。

5. 皮层脂肪量度仪

它能测量人体表皮下层脂肪量。

6. 心率、血压及重量仪器组合

它能测试心率、血压及重量，能提供比较表，使用方便。

7. 电脑脂肪测量仪

它利用先进的激光科技，快速而准确地分析体内脂肪、水分及肌肉分布，可印制健身报告表。

8. 电子心率显示仪

其独立的胸部感应带能传送心跳频率至显示腕表，显示清晰。

9. 身体成分测试仪

人体成分分析仪用 40~60 秒钟的时间就可得出人体水分、蛋白质、肌肉、脂肪的测量值及左右上肢、左右下肢、躯干等的脂肪比率、体脂百分数等多项指标，并根据不同受试者的各项测试指标指数得出个性化的分析评定报告。

三、健身房设计与布局的一般要求

（一）布局要求

设计健身房时一定要对其功能区域进行合理划分。健身房的功能区域分为必要功能区域和扩展功能区域。

1. 必要功能区域

必要功能区域要有以下几项内容：

（1）健身区域。一般包括有氧区、无氧区和力量区。

（2）独立操课房。这部分健身区域一般和公众器械区域分隔开来，包括大体操房、热瑜伽房、动感单车房等。

（3）前台接待、商务洽谈区和工作（办公）区域。该类区域大小可根据实际情况确定。

（4）桑拿淋浴区域。一般包括淋浴房、桑拿房（干蒸、湿蒸）、更衣室、储物间、水流按摩池、SPA 服务、推拿间、太阳灯等。

2. 扩展功能区域

扩展功能区域是指一些健身房在必要的健身项目基础上增加的健身服务。例如，游泳池、跆拳道场地、散打场地、乒乓球馆、羽毛球场、网球场、壁球馆等。扩展区域还包括休闲娱乐区域，一般有游戏厅、计算机电玩室、营养餐厅等。

（二）面积要求

相对而言，健身房面积可大可小，一个小型的放置 10 件健身器材的房间面积约在 65 平方米，而放置 15 件健身器材的大型健身房面积在 100 平方米即可；健身房地板距天花板的高度至少应为 3 米，若太低则会使人感到压抑。健身房还要注意空气流通。

（三）健身房的设备要求

（1）健身器材不少于 5 种，各种健身设备摆放整齐、位置适当，客人有足够的活动空间。

（2）设备性能良好，用途明确。

（3）有配套体重秤。

（4）在四周墙面的适当位置挂立镜，最好配有山水风景画，使运动者犹如置身于自然环境中，健身器材须配有使用的文字说明和视频。

（5）各种健身器材始终保持完好、安全，其完好率达 100%。

（6）设施设备若有损坏或故障，应停止使用，及时维修。

（四）配套设施要求

（1）健身房旁边要有与接待能力（档次与数量）相适应的男女更衣室、淋浴室和卫生间等。

（2）更衣室配备带锁更衣柜及挂衣钩、衣架、鞋架、长凳等。

（3）淋浴室各间互相隔离，配备冷热双温水喷头、浴帘。

（4）卫生间配备隔离式抽水马桶、挂斗式便池、洗盥台、大镜及固定式吹风机等卫生设备。

（5）各配套设施墙面、地面均满铺瓷砖或大理石，有防滑措施。

（6）健身房内设饮水处。

（7）各种配套设施材料的选择和装修，应与健身设施设备相适应。

（8）配套设施设备完好率不低于98%。

（五）环境质量要求

（1）健身房门口应设立客人须知、营业时间、价目表等标志、标牌。

（2）标牌设计要求美观、大方，有中英文对照，文字清楚，摆放位置得当、整齐。

（3）健身房内照明充足。

（4）室温应保持在18℃～20℃。

（5）室内相对湿度应保持在50%～60%。

（6）室内有通风装置，换气量不低于40立方米/（人·小时）。

（7）适当的位置有足够数量的常绿植物，以调节室内小气候。

（8）整个环境美观、整洁、舒适，布局合理，空气新鲜。

（六）卫生标准要求

（1）健身房天花板光洁、明亮，无蛛网、无灰尘。

（2）墙面粘贴高级墙纸，美观大方，无灰尘、无污迹、无脱皮现象。

（3）地面无灰尘、无垃圾、无废纸。

（4）所有健身器材表面始终保持光洁、明亮，无污迹、无汗迹、无手印。

（5）各种设备均无沙尘、无印迹。

（6）饮用水透明、洁净，符合国家卫生标准。

（7）环境质量的其他要求，如健身房尽可能安装玻璃窗，使客人能看到房外的景观等。

四、健身房装修过程中需要注意的问题

（一）健身操房

主操房的空间应足够大，给健身者以空旷的感觉，布局安排时应尽量避开立柱。地板用枫木铺设，内置音响、喇叭箱及弹性设备。健身操房的领操台一般都配备整块大型玻璃镜，以增强视觉效果，其空间感觉也会更大。有条件的话，操房墙壁可用玻璃分隔，以增强健身气氛，同时与器械区保持"亲密接触"，可增强整个健身房的视野效果。

（二）动感单车房

动感单车房的装修和健身操房差不多，也要注意与整个健身房的融合统一。动感单车是

一个特殊项目，具有极强的号召力，可以即时提升会员或参观者的健身欲望，因此一般安排在整个健身房都能注意到的空间。

（三）器械房

器械房的空间要宽敞通畅，通风效果好，器械布局要符合健身规律，健身设备摆放密度要适中，配套设施要齐全。在条件允许的情况下，可配备独立的电视等音频、视频设备。

（四）楼层的承重

健身房装修划分区域时，一定要考虑器械健身区安置的承重问题。像力量训练组合、跑步机、动感单车、登山机、椭圆运动仪等都是重量较大的器械，作用于楼层的压力很大。

（五）健身房的防水

健身房的洗浴设施至少须使用 10 个小时，地面一直处于满水状态。因此洗浴空间的装修是整个健身房装修的重中之重。其他的装修可以在以后的运营中进行调整，而只有洗浴空间的装修没有调整的机会，一旦出现问题，只得重做。在装修过程中，一般至少要有 3 层防水、防渗层，并做 24 小时以上的渗水检查和测试，须严格把关。

（六）健身房器械分布密度

器械分布密度需要考虑两方面问题：一是相邻器械的健身者在运动时是否会彼此影响；二是健身过程中是否有安全隐患。例如跑步机，部分健身者因为操作失误或其他原因，跑步频率跟不上履带速度而选择跳下跑步台或者由于惯性的作用，会出现跨步较大或是向前冲的现象，以及在两台跑步机间距离过小的情况下，引起相邻跑步机上的两个健身者冲撞等情况。

五、健身房的服务

（一）健身房员工的岗位职责及任职资格

1. 健身房主管或领班

直接上级：康乐部经理。

直接下级：健身房服务员。

岗位职责：

（1）负责定期调查会员对健身房所安排健身课程的满意程度，并以报告的形式上交部门领导。

（2）合理安排并协调所有的巡场教练和专职健身操教练工作班次与休息日。

（3）根据会员意见与健身计划，协助私人教练做好课程安排。

（4）对于所有新聘任的健身部员工进行初步的专业培训。

（5）依据俱乐部和部门的相关规章制度，协助领导管理健身部的员工。

（6）开发并合理改进健身部工作项目。

（7）定期召集本部员工开会，传达俱乐部政策、规定和领导的指导意见。

（8）负责整理健身部的文档和工作报表，包括与财务部门协调费用的确定及预算审核。

（9）月底核算私人教练课程提成，经领导核实后上交财务部。

（10）对集体课教练的职业水平进行定期业务综合评估，根据评估的结果和工作表现，制定相应课时的佣金和奖惩制度，并严格贯彻执行。

（11）每月月底做好团体操教练课时佣金的统计，经部门领导核实，上报财务部。

（12）确保所有授课设施的清洁与卫生及设备的维修与保养，以保证集体课程的正常进行。

（13）提前电话确定集体操教练的到岗，如有特殊情况，及时找人代替上课，或进行课程调整，并在第一时间通知客服部发布调课通知。

任职资格：

（1）拥有较好的语言沟通能力，仪容整洁，精神饱满，身体健康。

（2）持有国家颁发的相关职业证书，例如体适能证书，专业营养师证书或中、高级私人教练证书；专业院校毕业者优先考虑。

（3）具有良好的团队协作能力、沟通能力、服务意识及管理能力。

（4）掌握和讲解健身器材操作规程，善于引导客人参加健身运动。

2. 健身房服务员

直接上级：健身房主管或领班。

岗位职责：

（1）严格执行酒店和本部的各项规章制度。

（2）辅导客人正确使用各种设备或运用各种训练方法。

（3）坚守工作岗位，勤巡查，确保客人安全运动，及时劝止客人的违规行为。

（4）负责环境卫生工作。

（5）负责运动器材的检查、报修、保养工作，经常擦拭运动器材，保持器械洁净，出租或收回器械时要认真检查质量。

（6）负责健身会员的资料管理工作，每月月底上交会员情况报表。

（7）负责客人健身活动的预订、开单、接待服务工作。

（8）负责健身房、更衣室和淋浴室环境卫生的清洁工作，保持卫生整洁、空气清新，使其各项卫生指标达到规定的标准。

（9）负责营业前的各项准备工作，每天按时准备好各项营业用品，如需补充应及时申领，并保证营业期间的供应。

（10）负责指导客人做好运动前的各项准备工作，并向客人讲明注意事项，提醒客人注意运动安全。

（11）在客人休息期间为客人提供饮料和休闲食品以及其他服务。

（12）认真执行酒店的交接班制度，做好交接班工作记录。

任职资格：

（1）高中及以上学历。

（2）熟悉健身服务和健身器材的使用、保养知识，了解卫生保健常识。

（3）熟悉健身房的基本知识和服务技能。

（4）能按服务工作规范和质量标准独立进行工作。

（二）健身房的服务流程

1. 预订服务

（1）要用规范的语言主动、热情地为客人进行预订。

（2）客人电话预订，铃响三声内接听。如因工作繁忙，应请客人稍候。

（3）准确记录客人姓名、房号（针对住店宾客）、使用时间，并复述清楚，经客人确认。

（4）对已确认的客人预订，要通知有关服务人员提前做好准备。

2. 岗前准备工作

（1）上岗前应先做自我检查，做到仪容仪表端庄、整洁，符合酒店要求。

（2）每日营业前整理好健身房、休息区、更衣室、沐浴室与卫生间的清洁卫生。具体内容包括：备好营业用品，包括各种单据、表格及文具等，客用毛巾、浴巾、短裤，酒吧内各种餐具、器具及饮品。将客人视线内的所有物品、器具等有序摆放。准备工作完成之后，由主管或领班检查，不合格之处应重做，直到达到标准为止。将洗衣厂送回的客用品取回，用过的客用品送走，并做好记录。

（3）检查各种健身器械是否完好、摆放整齐，锁扣和传动装置是否安全可靠。将设备设施摆放整齐，检查健身器械、哑铃、踏板、软垫等有无损坏。

（4）准备好为客人服务的各种用品，精神饱满地做好迎客准备。正式营业前准备好为客人服务的各种用品，整理好个人卫生，准备迎接客人。

3. 迎宾工作

（1）面带微笑，主动迎候客人，并请客人在场地使用登记表上签字。

（2）询问客人要求，向客人介绍收费标准等，为客人办理消费手续，并向客人发放钥匙和毛巾，将客人引领到更衣室。

4. 器械房服务

（1）协助健身教练为客人进行体能、体质测试及体形测量，根据客人健身目标和要求提出健身方案和锻炼计划。

（2）对初次来健身房的客人或刚到的新型健身器械，服务员应提供示范，同时向客人讲明注意事项。

（3）客人选择好健身器械后，服务员应主动为客人调试健身器具，检查计量单位是否准确。

（4）在客人健身活动过程中，服务员应设法做一些安全保护措施，以防意外事故的发生。

（5）根据客人的要求，适当播放背景音乐。

（6）服务员要适时询问客人需要何种饮品，并做好饮品的服务工作。

（7）保持洗浴间的整洁，及时收拾香皂头、杂物，及时清理摆放洗浴用品的台面、皂碟。

（8）保持卫生间的清洁，及时更换纸篓中的垃圾袋，清洁坐便器，补充厕纸，喷洒除异味剂。

（9）保持更衣室清洁，及时收拾杂物、拖鞋，发现更衣柜上有遗留的钥匙应立即交服务台并做好登记，以便客人遗失物品时查询。

（10）保持休息区的整洁，及时为客人更换烟灰缸、添加饮料等。

（11）随时注意客人的举动，以便及时提供服务。

5. 健身服务

（1）客人更衣完毕，服务员主动迎候，征询客人要求，介绍各种健身项目，主动讲清要领并做示范。

（2）细心观察场内情况，及时提醒客人应注意的事项，当客人变更运动姿势或加大运动量时，服务员应先检查锁扣是否已插牢，必要时须为客人换挡。

（3）对不熟悉器械的客人，服务员要热情服务、耐心指导，必要时亲身示范。

（4）如客人需要，在其运动时可播放符合其运动节奏的音乐；运动间隙时，服务员要主动递上毛巾，并为其提供饮料。

（5）客人更衣完毕，应主动征求客人意见，并及时汇报给领班。

（6）如客人希望做长期、系列的健身运动，服务员可按照客人的要求为其制订健身计划，并为客人做好每次的健身记录。

（7）协助健身教练为客人进行体能、体质测试及体形测量，根据客人健身目标和要求提出建议和锻炼计划。

（8）每场休息时，服务员要立即将客人用过的软垫等清洁干净并归放原位。

（9）客人健身过程中若出现扭伤等情况，服务员要及时给予简单处理。

（10）当客人示意结账时，服务员要主动上前将账单递给客人。如客人要求挂账，服务员要请客人出示房卡并与前台收银处联系，待确认后，要请客人签字并认真核对客人笔迹，如未获前台收银处同意或认定笔迹不一致，则请客人以现金结付。

（11）客人离开时，要主动提醒客人不要忘记随身物品，并帮助客人穿戴好衣帽。

6. 送别客人

（1）检查客人有无遗留物品，提醒客人将更衣柜钥匙等交回服务台。

（2）送客人至门口并礼貌向客人道别。

（3）及时清扫场地并整理物品，将使用过的毛巾送洗衣房，更换新毛巾，放入消毒箱消毒，做好再次迎客的准备。

（4）检查健身设施设备有无损坏，将设施设备清理干净并归放原位，清洁整理休息区、更衣室等。

7. 安全服务的注意事项

（1）健身房必须配备急救箱、氧气袋及急救药品。

（2）客人有身体不适现象时，应及时照顾并采取有效措施。

（3）运动健身过程中客人发生碰伤，应及时提供急救药品，照顾周到。

任务二 游泳项目

游泳是古代人类在同大自然作斗争中为求生存而产生的技能。游泳在产生和发展过程中，逐渐形成了实用游泳、竞技游泳、花样游泳等多种嬉水方式。作为大众喜闻乐见的康乐项目之一，通过经常游泳进行锻炼能使神经、呼吸和循环系统的机能得到改善，并促进身体匀称、协调和全面发展。

一、游泳项目的功能

（一）消除多余脂肪，塑造美好体型

游泳时经常使用的肌肉群就有 20 种左右，可以说是康体运动中动用肌肉群较全面的一种运动。在身体塑造方面，游泳者通常采用的 4 种姿势可以塑造身体的不同部位，满足游泳者健身修体的目的。如蝶泳，以腰部来牵动身体，可有效消除腰部的赘肉，使腰部柔软有力且纤细，使游泳者拥有优美的线条。如蛙泳，通过大腿在游水时充分地伸展及收缩，可消除大腿内侧的赘肉，使肌肉变得紧实。

（二）减少运动损伤，加强健身效果

游泳是一种在水中进行的全身运动，水的浮力减轻了运动中地面对身体各个关节的冲击力，不像陆上活动那样会有许多运动伤害产生。水的浮力还能使肥胖和体虚的人在水中活动时感到轻松自如，克服陆地上活动容易疲劳的缺点。此外，由于人在水中活动的受阻感是空气的 800 多倍，所以如果动作速度相同，完全同样的一组动作，在水中比在陆地上要多用 6 倍以上的力量。故水中运动会取得事半功倍的效果。目前，在大型健身中心均有提供水中健身活动，正是利用这一点来帮助客人达到修饰体型、瘦身减肥的目的。

（三）增强心肺功能，改善血液循环

人们在齐胸深的水中常常会感到呼吸急促，有憋气的感觉，这是因为水的密度大，人们在游泳时，胸部要受到 12~15kg 的压力。水中游泳对于增加肺活量、提高呼吸系统的机能有很大的好处。游泳时，人体处于平卧姿势，在水的压力作用下，四肢的血液易于回流心脏。长期从事游泳锻炼的人，心脏体积明显呈现运动性增大，收缩更有力，血管壁增厚，弹性加大，安静时心率平缓。此外，经常游泳的人肺活量大。肺活量是一次呼吸的最大通气量，在一定意义上可反映呼吸机能的潜在能力。

（四）改善体温调节能力

经常游泳的人可以改善机体神经系统，使体内产热和体温调节中枢性能远远超过不参加游泳锻炼的人。常人的体温在 36℃~37.3℃，而游泳池的水温在 22℃~28℃。因此入水后最初的几分钟，身体会反射性地发生毛细血管急剧收缩。此时人体散热减少，体内产热开始加强，皮肤马上会反射性地大力舒张，这样一张一缩，血管就能得到锻炼，使弹性增强。经常参加游泳锻炼的人，较能适应低温的水环境，身体适应寒冷刺激的能力强，可防止感冒等疾病的发生。

（五）改善血液循环，保养肌肤

游泳时，每一寸肌肤都被水包围着，而这水的温度通常比体温低 8℃~10℃。当皮肤接

触冷水时，毛细血管先是收缩后是舒张，这时皮肤的血流量可达到平时的 4～6 倍。正是这种"血管体操"，可以改善皮肤的血液循环，增加皮下组织的营养供应，使皮脂腺分泌量更加旺盛，新陈代谢更快，皮肤也就更加健康。同时，游泳时水流的摩擦，促使皮肤毛细血管循环的人体表皮细胞的代谢，使皮肤光滑有弹性。水中运动相对出汗较少，减少了陆上训练后汗水中盐分对皮肤的刺激。水流、波浪的摩擦和拍打具有特殊的按摩作用，可有效避免并减少肌肤的松弛和老化，使肌肤光洁、润滑、富有弹性。同时，还能消除忧虑和疲劳，减轻精神上和肢体上的负担。

（六）培养敏锐思维，磨炼坚强毅力

游泳是一项特殊的体育运动。在运动过程中，游泳者须全身浸泡水中，不停地保持身体的运动状态，以达到在水中安全移动以及健身的目的。在运动过程中，一旦发生突发状况，游泳者须把握形势，迅速做出判断，凭借信心和耐力应对问题。

二、游泳项目的分类

随着游泳运动的发展，游泳的分类也越来越细，一般有竞技游泳、实用游泳、花样游泳等。

（一）竞技游泳

竞技游泳是指由特定技术要求，按游泳竞赛规则规定进行竞赛的游泳项目。主要有自由泳、蛙泳、蝶泳和仰泳。它可以分为游泳池比赛和在公开水域比赛两大类，是以速度来决定名次、根据游泳竞赛规则进行的比赛。

1. 自由泳

自由泳是现在最常见的一种游泳姿势。现在所说的自由泳一般是指爬泳，因为爬泳的速度较快并具有较强的实用性。爬泳最早是 20 世纪初由澳大利亚人首先采用的。自由泳一般要求身体俯卧在水中，头部和肩部稍高出水面。游进过程中，双手轮流划水是推动身体前进的主要动力，同时身体要围绕中轴进行左右转动，以便手臂更好地发挥作用。游泳过程中，速度越快身体位置越高，但注意不要故意抬头挺胸来提高身体位置，这样非但不能如愿，还会破坏身体的流线型，增加阻力而消耗更多的体能，并且使身体下沉。

2. 蛙泳

蛙泳是最古老的游泳姿势之一，因其划水与蹬腿的动作极似青蛙的游泳姿势而得名。游蛙泳时身体平稳，动作省力，呼吸也比较方便，所以比较适合于长时间、长距离等持久性的游泳。1875 年世界所公认的第一个横渡英吉利海峡的人采用的就是蛙泳。蛙泳因其动作较隐蔽、声音较小，长期以来具有很强的实用价值。游蛙泳时要求身体俯卧在水中，双臂伸直后向两侧分开，向后屈肘划水，到肩侧面结束后在胸前汇合，再次向前伸出水面；腿的配合方面要注意将小腿和脚向外侧翻出，在身体两侧向后呈半弧形加速蹬水。

3. 蝶泳

蝶泳是在蛙泳的基础上发展而来的，最初是为了提高速度而在蛙泳划水后双臂不在胸前汇合，而是举出水面前摆后再次入水，因这种姿势很像蝴蝶，所以称为蝶泳。游蝶泳时，双手手心向外，向侧下后方划水，并由外向内划到腹下，然后在大腿两侧出水，从空中向前摆

动双臂，腿部要上下打水。

4. 仰泳

仰泳是人体仰卧在水中进行游泳的一种姿势。仰泳技术的产生和发展有较长的历史。1794 年就有了关于仰泳技术的记载。直到 19 世纪初，游仰泳时仍采用两臂同时向后划水，两腿做蛙泳的蹬水动作，即现在的"反蛙泳"。自 20 世纪初出现爬泳技术后，由于其速度快，有人开始采用类似爬泳的两臂轮流向后划水的游法。直到 1921 年才初步形成了现在的仰泳技术。仰泳技术由于头部露出水面，呼吸方便，躺在水面上，比较省力，因此深受中老年人和体质较弱者喜爱。

（二）实用游泳

主要有反蛙泳、侧泳、潜泳等。实用游泳是游泳运动的一类，指为了生产、斗争、国防建设和生活需要进行的游泳活动。

1. 反蛙泳

游进时，身体仰卧水面，两腿做屈收和蹬水动作，两臂同时沿体侧向后划水，一次划臂配合一次蹬腿，使身体前进，形似蛙泳。常用于水中救生拖带溺者。

2. 侧泳

游进时，身体侧卧水中（或左或右），两臂作交替的划水（一臂作类似爬泳状，另一臂作似蛙泳的划水状），两腿作剪式蹬夹动作，两臂交替划一次，两腿蹬夹一次。一般用于武装泅渡、水中救护、水中拖带物品等活动。

3. 潜泳

实用游泳之一。不戴器具与装备在水下憋气游进。有蛙式潜泳（动作类似蛙泳）和爬式潜泳（蛙泳划臂爬泳打腿）。常用于水下作业、寻找沉物、打捞溺水者。

4. 踩水

借助两腿的蹬水和两臂的划水使人体在水中垂直浮动。踩水时，两腿同时做类似蛙泳的向下蹬水，两臂在胸前做横向划水动作，也可采用两腿交替蹬踩和两臂上下压水的方式。一般用于持物过河、水上侦察、水中救生等活动。

5. 武装泅渡

单人或成队携带武器装备渡过江河的游泳。主要采用蛙泳和侧泳的方式，以利于保持身体平衡、观察水面动静，并控制游动声响至最小。必要时可利用气袋、竹筒、木筏等漂浮物游进。泅渡前须严格整理服装与装备，做到衣裤不兜水，随身装备不松散。

6. 水中救生

援救溺水者的应急措施。有间接救生和直接救生两种。前者利用救生圈、救生竿、绳索等救生设备进行；后者由救生员入水，运用救生技术将溺水者拖带上岸。如溺水者出现呛水、休克等状况，应立即帮助其清除口鼻内异物，排除呼吸道及腹内积水，做人工呼吸与其他护理工作。

（三）花样游泳

花样游泳也被称为艺术游泳，是集舞蹈、体操、游泳项目于一体的竞技体育项目，对运动员的身材、泳装、头饰，比赛、表演音乐、动作、编排等都有很高的要求。花样游泳可分为单人、双人、集体三种比赛项目，运动员通过肢体在水面上的运动，配合音乐展现出各种优美动作和各种造型的艺术性技巧，给观众以美好的享受，故花样游泳有"水上芭蕾"之美誉。

三、游泳池的类型

游泳是获得乐趣和保持健康的极佳方式，游泳池是游泳场所最主要的设施。通常游泳馆内包括有存放衣物和贵重物品的更衣室、淋浴间、洗脚消毒池、戏水池、水滑梯、冲浪池、水健身池等，还有各种提供服务的工作人员，如救生员、服务员、教练等。一般说来，游泳池的四周边缘比水面高，其他游泳池由于水流过边沿被称为"池缘面"。比赛的游泳池通常长为50米，另有分开的跳水池。酒店游泳池是根据酒店的条件和经营的需要而建造的，可分为室外、室内、室内外综合等多种类型。

（一）室外游泳池

室外游泳池是指在室外建立的游泳设施，一般在南方的酒店较常见。由于其露天设置，所以更强调大自然的情调。室外游泳池可以设计出各种样式，比如长方形、圆形、泪珠形或各种自由形状，但要注意其样式的设计要有利于客人的安全。其空间环境的布置也可以更丰富些。同时，由于其露天的设置而对卫生方面的要求更为严格，因而还需要更强的动力设施以保证合适的水温。室外游泳池也可以利用天然环境进行布置。它对环境的要求较高，既要具备充分的日照、不受风雨袭扰，又要树木较少、地面平坦、环境优雅、没有水污染，因此可以建在海滩、湖泊、天然泉水、江河、激流等日照充分、树木较少的地带。周边还应有一定范围的平坦地面以提供日光浴的场地，池旁还应有与接待量相适应的餐饮服务设施、游艺室以及休息室。

（二）室内游泳池

室内游泳池是酒店中最常见的游泳池类型，是一个适应范围广、深受欢迎的活动场所。它比较容易保持水温、室温，不受外界气候的影响，一年四季都可以使用。有的饭店的游泳池还配有滑水、冲浪等项目，使客人能尽情地畅游、嬉戏。标准的游泳池长约50米、宽25米，水深浅端1.3米、深端1.7米，有若干个2.5米宽的标准泳道等。而饭店游泳池是主要供客人锻炼身体、休闲娱乐的场所，不强调游泳池的标准和大小，而注重游泳池内所用的先进、高档的材料，通过构思、创意营造出一种宁静、优雅、舒适、清洁、安全的氛围。

（三）室内外兼用型游泳池

室内外兼用型游泳池是一种高级、豪华的游泳池，其建造投资和运营费用都要高于前两种游泳池。它兼有室内游泳池和室外游泳池两者的优点，既可拥有大自然的清新、浪漫，又可不受气候变化的影响，保持恒温和卫生，四季都可使用。室内外兼用型游泳池有两种形式：

1. 空间相连式

即将游泳池划分成相连的两部分，其中一部分在室内，另一部分是露天的，客人可以在室内外自由地往来，尽情享受两种不同的情调与气氛。

2. 移动顶棚式

即通过顶棚的开合来变化室内外的空间感。如上海花园饭店的游泳池，当季节、天气适宜的时候，游泳池的顶棚可以通过电动开启，使室内游泳池变为露天游泳池；当季节、气候不适宜时，便关闭顶棚，使露天游泳池变成全封闭的室内游泳馆。

（四）戏水乐园

戏水乐园是近年来迅速发展起来的康乐场所，它具有游泳池的属性，但比游泳池更富有娱乐性，因而受到广大消费者的青睐。在戏水乐园里，可以游泳、冲浪、漂流、坐水滑梯、体验人造海浪等，还有许多与水有关的其他康乐项目。由于戏水乐园规模大、管理难度大，因此，它在管理上多与饭店分开，而成为饭店管理下的独立经营机构。

四、游泳池设计与布局

（一）室内游泳池设计与布局

1. 游泳池设备设计与布局

（1）游泳池的设计要美观，建筑面积宽敞，其顶棚与墙面玻璃应大面积采光良好。大小、形状、深度应根据客流量的实际情况确定，但水平面最小尺寸为120平方米（8m×15m），实际上一般都不会小于144平方米（8m×18m）。按我国星级评定标准，游泳池水区200平方米以上得5分，200平方米以下得2分。

（2）池底设低压（12V或24V供电）防爆照明灯，底边满铺瓷砖，四周设防溢排水槽。

（3）游泳池深度应有醒目的水深标志，分深水区、浅水区和儿童嬉水区。深水区水深在1.8~2.4米，浅水区在1.2~1.8米，儿童嬉水区深度不超过0.48米。

（4）设有自动池水消毒、循环、过滤、池底清洁系统和加热、溢流、补水设施。

（5）周围平台应留出宽度不小于4.5米的距离，池边地面要使用防滑材料，满铺利于清洁的不浸水地毯，设躺椅、座椅，大型盆栽、盆景点缀其间，便于提供酒水服务。

（6）游泳池应设在客人不必经由大堂与其他公共场所就能到达的位置，方便客人前来游泳。

（7）游泳池应尽量隔绝与外界的一切通透视线，可采用单向透光玻璃。

（8）日光能直接照射进室内游泳池。在北方地区，还要考虑游泳池的朝向。

（9）游泳池设有专用出入通道，入口处设有浸脚消毒池。

（10）游泳池区各种设施设备配套，美观舒适，完好无损，其完好率不低于98%。

（11）室内游泳池应布局在远离客房走廊及公用场所的地方，以防游泳池周围空气的温度及所含氯气给不游泳的客人造成不愉快的体验。

（12）池壁和地面用装饰性图案和鲜艳的色彩装修。

（13）在合理的部位装有安全的泳池梯和跳水板。

（14）高级的游泳池还应配有水温不同的游泳训练按摩池，供人们进行预备运动及运动后的小憩。

2. 游泳池配套设施设计与布局

（1）游泳池旁边有与接待能力（档次与数量）相当的男女更衣室、淋浴室、酒吧和卫生间。

（2）更衣室配备带锁更衣柜、挂衣钩、衣架、鞋架与长凳，并提供低值易耗品和棉织品。

（3）淋浴室各间互相隔离，配冷热双温水喷头、浴帘。

（4）卫生间配隔离式抽水马桶、挂斗式便池、盥洗台、大镜及固定式吹风机等卫生设备。

（5）各配套设施墙面、地面均应满铺瓷砖或大理石，设置防滑措施。

（6）游泳区内应设饮水处。

（7）各种配套设施材料的选择和装修，应与游泳池设施设备相适应。

（8）各种配套设备的完好率不低于98%。

（9）周围要设置圆桌凳和防水的躺椅、磅秤。

3. 游泳池环境设计与布局

（1）游泳池环境美观、舒适、大方、优雅。

（2）游泳池门口设营业时间、客人须知、价格表等标志、标牌。

（3）标志、标牌应有中英文对照，字迹清楚。

（4）室内游泳池、休息区、配套设施整体布局合理、协调，空气新鲜，通风良好，光照充足。

（5）室内换气量应不少于30立方米/（人·小时）。

（6）室内自然采光率应不低于30%。

（7）室内温度保持在25℃～30℃，水温低于室内温度1℃～2℃。

（8）室内相对湿度应保持在50%～90%。

（9）休息区躺椅、座椅、餐桌摆放整齐、美观，大型盆栽盆景美观、干净。

4. 游泳池卫生设计与布局

（1）顶层玻璃与墙面干净、整洁，地面无积水。

（2）休息区地面、躺椅、餐桌、座椅、用具等无尘土、无污迹、无废弃物。

（3）无卫生死角。

（4）更衣室、淋浴室、卫生间的天花板光洁、明亮，墙面和地面整洁、无灰尘、无蜘蛛网，地面干燥，卫生间无异味。

（5）所有金属件光亮如新，镜面光洁。

（6）更衣柜内无尘土、无垃圾。

（7）游泳池水质清澈、透明，无污物、无毛发。

（8）池水定期消毒、更换。

（9）饮用水无色、透明、清洁卫生，符合国家卫生标准。

（二）室外游泳池设计与布局

室外游泳池基本上与室内游泳池的要求一致，但还应注意以下问题：

（1）水深标记及安全提示清晰、醒目（在显眼处张贴当地安全法规，在游泳池边上要能清楚地看见游泳池的深度）。

（2）注意客人的安全，避免非适龄儿童或者未使用专用滑水板（垫）以及戴眼镜（除水镜外）的客人进入高速水流的盘旋滑水道；也应注意让进入滑水道的客人保持15米以上的距离。

（3）室外游泳场面积较大，给安全防护带来一定困难，因此，救生员必须划区分工，保证自己负责区域内客人的安全，不得私窜岗位。

（4）无论是否处于营业高峰时间，提供饮料、食品都应该迅速。这是大型水上游乐场和室外游泳场顾客投诉较多的事项之一。

（5）室外游泳场应提供足够数量的躺椅，且位置摆放应合理，保养良好。有足够的遮阳伞，并且保持其整洁。

（6）保持浸脚消毒池的清洁，及时按规定更换消毒液。

（7）室外游泳池和大型水上游乐场受气候及尘土、落叶的影响较大，因此，更要加强保持池水清洁的服务管理工作。

（8）注意相应设施的配套，如更衣室、淋浴室、卫生间的合理布局，并设流动酒吧，配备一定数量的遮阳伞。

（9）水上游乐场的假山区、平台区是卫生管理的难点，应加强巡视，随时、随地、随手收拾地面、茶几、座位上的杂物。

五、游泳池卫生管理标准

1. 迎宾服务台

台面整洁干净，无灰尘、无杂物，台内无垃圾、无散乱的废票根。

2. 更衣室

地面干净，无污物、无鞋印、无水迹、无垃圾；更衣柜内外整洁，柜内无杂物、无客人遗落物品、无蟑螂等害虫；镜面光洁明亮，无水迹、无印迹。

3. 淋浴室

墙面和地面的瓷砖光洁，无污迹污渍、无水迹；下水道流水通畅，水箅子无堵塞现象；浴液补充及时。

4. 强烈喷淋通道和浸脚池

墙面、地面无污迹，喷头喷水通畅，下水道通畅；浸脚池池壁无污迹，池水无污物，消毒药浓度符合要求，余氯含量保持在 5～10 毫克/升。

5. 游泳池四周场地

地面无垃圾、无积水、无青苔；茶几、躺椅整洁干净，无污迹；营业前烟缸内无烟头，营业中烟缸内的烟头不得多于 4 个；垃圾桶外表干净、无污迹，桶内垃圾经常清理。

6. 游泳池墙壁

墙面、台阶无污迹、无垃圾；窗台和通风罩无灰尘、无杂物；游泳池壁无水垢、无污迹。

7. 卫生间

地面无积水、无污迹，马桶内外无污迹，小便池无尿渍，洗手池无污迹、无水垢；镜面光洁明亮，无水迹、无印迹；卫生间内无异味。

8. 游泳池水

水质清澈透明，无污物、无毛发；消毒药投放准确、及时，余氯保持在 0.3～0.5 毫克/升，pH 值保持在 6.5～8.5。

六、游泳池员工的岗位职责及任职资格

（一）游泳池主管或领班

直接上级：康乐部经理（副经理）。

直接下级：游泳池服务员。

岗位职责：

（1）负责制订游泳池的营业计划，批准后执行。

（2）负责制订游泳池员工岗位技能培训计划，批准后，协助培训部实施、考核。

（3）负责救护员、教练员、机房管理员、服务员的工作岗位调配，报康乐部主管批准后执行，并转入人力资源部备案。

（4）负责布置救护员、教练员、机房管理员、服务员工作任务。

（5）巡视检查游泳池的各项工作，记录救护员、教练员、机房管理员、服务员的考勤情况。

（6）填写救护员、教练员、机房管理员、服务员的过失单和奖励单，根据权限按照项目进行处理。

（7）关心救护员、教练员、机房管理员、服务员的思想、生活、工作。

（8）负责每日召集救护员、教练员、机房管理员、服务员进行营业前布置、营业后总结。

（9）负责处理救护员、教练员、机房管理员、服务员在工作中的争议。

（10）负责巡视、检查游泳池的各项工作。

（11）向游泳池的客人说明有关规定和注意事项，劝阻客人的违规行为和不文明行为，维持游泳池的正常营业秩序。

（12）拒绝不符合规定的客人（如醉酒等）进入游泳池。

（13）受理客人对游泳池工作人员的投诉，按照项目进行处理。

（14）根据服务员提供的记录，整理出客人消费的账单，按照项目请客人付款或签单。

（15）审批机房管理员提出的报修单，检查维修结果，掌握设备运作的状况。

（16）记录游泳池营业状况的流水账，统计每日的营业额以及成本费用。

（17）按照工作项目做好与相关部门的横向联系。

任职资格：

（1）具有游泳馆管理经验。

（2）熟悉游泳池各种设备以及游泳池各岗位工作，掌握一定的救护技术。

（二）游泳池服务员

直接上级：游泳池领班。

岗位职责：

（1）为客人提供细致、周到、规范的游泳池接待服务。

（2）为客人提供饮料、休闲食品以及其他服务。

（3）填写服务记录，负责清场工作。

（4）负责客人消费的接待服务工作，并注意各种票据的保管，以备领导核查。

（5）负责游泳池场地的环境卫生清洁工作，保持卫生整洁、空气清新，各项卫生指标符合卫生标准要求。

（6）负责营业前的各项准备工作，每天按时准备好各项营业用品，如需补充应及时申领，保证营业供应。

（7）负责维护、保养游泳池的各项服务设施、设备，保证其正常运转。

（8）指导客人做好入池前的各项准备工作，并向客人讲明游泳池的区域划分，提醒客人注意安全。

（9）监视游泳池内的动向，及时处理游泳池内发生的意外事故。

（10）认真执行酒店的交接班制度，做好交接班工作记录。

任职资格：

（1）高中以上学历。

（2）能够指导客人正确使用游泳池内各项设施、设备。

（3）具有较强的酒店产品推销能力。

（4）拥有较好的人际关系处理能力，善于处理与客人之间的关系。

（三）游泳池救生员

直接上级：游泳池领班。

岗位职责：

（1）负责执行有关游泳的规定，维持正常秩序。

（2）负责客人的游泳安全，密切注意池内泳客的动态，发现险情及时处理，并向有关领导汇报。

（3）负责提供饮料、订餐、发放救生圈等服务。

（4）负责每天的清场工作。

（5）负责游泳池水质的测验、保养及游泳场地的环境卫生工作。

（6）不得与无关人员闲谈，救生台不得空岗，无关人员不得进入池面。

（7）对不会游泳者可做技术指导。

（8）检查更衣室，杜绝隐患。

（9）雷雨天气，要迅速安排客人上岸，确保客人安全。

任职资格：

（1）高中及以上学历。

（2）熟练各种游泳姿势，获得国家体育游泳等级证。

（3）身体健康，五官端正。

（四）游泳池更衣室服务员

直接上级：游泳池领班。

岗位职责：

（1）认真做好泳客登记、发放更衣柜钥匙和浴巾的工作。

（2）负责泳客更衣室更衣的服务工作。

（3）坚守岗位，注意出入更衣室客人的动态，对客人的生命和财物负责，发现情况及时处理和汇报。

（4）负责为客人发放毛巾，即浴巾、长巾、方巾，方便客人游泳和游泳完后洗澡用。

（5）对遗留物品要做好登记和上交工作，负责游泳池物品的补充和统计，填写交班本。

（6）客人离开泳池时，要注意提醒客人带齐自己的物品。

（7）负责提供饮料和送餐服务。

（8）负责更衣室设备保养和报修工作。

任职资格：

（1）高中以上学历。

（2）熟悉饭店康乐部运作。

（3）身体健康，五官端正。

（4）工作主动、热情。

七、游泳池的服务

（一）准备工作

（1）仪容仪表。服务员工作前应按规定换好工作服，佩戴好工号牌，检查自身仪容仪表，准时到岗。

（2）服务准备。整理好吧台，领用并备好充足的酒水、小食品，摆烟缸，撑太阳伞，立起水牌。清查核对更衣柜钥匙并分成里外两区放于钥匙架上，补充好更衣柜里的棉织品、低值易耗品、一次性用品（大浴巾、小浴巾、小方巾、沐浴液、木梳、洗发水等）。

（3）在规定的时间内做好营业前的清洁卫生，重点是做好水质净化处理、洗浴用具的消毒、水底沉淀物吸除、卫生间清洁等工作。

（4）控制水温是游泳池服务管理的关键环节，服务员与池水加热员需要密切配合。

（二）迎宾

（1）客人到来，服务员应面带微笑，主动、热情地问候客人。

（2）请客人出示票据，为客人记录时间，给客人发放更衣柜钥匙，并为客人指示更衣柜位置。

（三）对客服务

（1）提醒客人游泳前应先洗浴，擦防晒油者必须淋浴后方可进入池游泳。每位客人要经过消毒浸脚池方可进入池游泳。

（2）救生员和服务员在任何情况下都必须关注池中客人的安全情况，发现异常必须立即救护。

（3）将水池边的客用拖鞋摆放整齐，拖鞋头部朝外，方便客人上岸穿。

（4）保持洗浴间的整洁。每一位客人洗浴完毕，服务人员都应立即收拾香皂头、用过的浴巾和毛巾、地面上的杂物，擦干摆放洗浴用品的台面、皂碟以及收拾免费洗浴用品的外包装。

（5）保持卫生间的整洁。及时更换纸篓中的垃圾袋，清洁坐便器，补充厕纸以及喷洒除异味剂。

（6）保持更衣室的整洁。随时收拾客人用过的浴巾、毛巾、香皂头、地面上的杂物、拖鞋。发现更衣柜上有遗留的钥匙应该立即交服务台并做好登记，以便客人遗失物品时查询。

（7）保持游泳场内的整洁。这主要是指及时为客人更换烟缸，添加饮料，擦干躺椅上的水迹和桌面水迹等。

（8）若客人需要购买游泳衣裤时，服务一定要周到、细致。

（9）提醒带小孩的客人注意照看自己的小孩，不要让儿童到深水区游泳。

（10）客人游泳时，服务员和救生员应时刻注视水中的情况，如发现异常，应及时救护。

（11）根据客人需要，适量提供饮料和小食品，开好饮料食品单，用托盘送到客人面前，注重提示客人在游泳时不宜饮用烈酒。

（12）为需要救生圈的客人办理租用手续并交给客人。

（四）结账送客

（1）客人离开，服务员应立即检查更衣柜里是否有客人的遗留物品，提示客人将钥匙、租用的救生圈交给服务台的工作人员。

（2）使用服务用语送客。

（3）客人离开后，迅速做好场地的清洁卫生工作。

（五）结束工作

（1）清场。客人离场后，应及时检查、清洁更衣柜，查看有无客人遗忘的东西。每班结束后，将查清的钥匙分单、双号登记在交接班本上，写清班次、时间。吧台要盘点酒水，做好每日营业日报表。停止机房的一切机械运转，关好电源、门窗。

（2）收拾物品。将用过的布件运到指定地点，对游泳池周围、过道、沐浴场地的地面进行冲洗，收起太阳伞，整齐竖放于指定位置。

（3）清洁卫生。清理池边卫生，用快洁布清洗游泳池边的瓷砖、跳台、泳池梯等，清洁淋浴间的地面、镜子和卫生间的洁具。顺便检查客人使用的设施设备是否完好，例如淋浴的冷热水开关、更衣柜锁等，如有损坏，要及时报告工程部。

（六）安全服务的注意事项

（1）对有皮肤病、急性结膜炎、心脏病、癫痫病、精神病、艾滋病等患者及酗酒者、过饥者，应谢绝进入游泳池。

（2）游泳池"客人须知"中应明确公告："饮酒过量者谢绝入内""禁止带入酒精饮料""禁止带入玻璃瓶饮料"。

（3）提醒客人在下水前做一些准备运动，如跑步、徒手操，并用冷水淋浴，这样不仅可以增强身体的适应能力，而且也能预防肌肉抽筋和拉伤。

（4）服务人员须受过救生训练，注意水中客人情况，发现异常及时采取有效措施。

（5）池边备有救生圈，配有两倍于池宽的长绳和长杆、救生钩。

（6）对带小孩的客人，提醒其注意照顾好自己的小孩的安全，不要让小孩到深水区去。

（7）整个服务过程中，保证无客人衣物丢失和溺水等安全责任事故发生。

任务三 台球项目

台球运动的发源地和年代众说纷纭，但公认的说法是台球于 14～15 世纪由欧洲人发明。台球作为高雅的康乐活动受到了人们的欢迎，正在蓬勃发展。

一、台球项目介绍

台球（Billiard），是一种用球杆在台上击球，以击球进袋或球之间的撞击计分来判断输赢的室内娱乐体育项目，被称为"绅士的运动"，是所有球类项目中最为优雅的。台球运动具有"静中有动、动中有静、急中见稳"的特点，要求参与者在思索中走动，走动中思索。这样就可以促进参与者的血液循环，加强机体的新陈代谢，有益于增进健康，增强体质。台球的运动强度适中，能够开发智力，在强身健体方面的作用是其他体育项目所无法比拟的。台球运动集娱乐性、健康性和趣味性于一体，符合时代的要求。它不受年龄、性别、环境、天气等约束，实用性、趣味性强，在提高人类身心健康方面作用更是显著，因此深受广大人民群众的喜爱。

台球与其他娱乐项目相比，具有以下特点：第一，与大部分球类运动需要大型的场地相比，台球运动对场地面积的要求不高；第二，台球是一项室内球类运动，受季节、气候、天气、时间等因素的影响较小；第三，台球是一种动静结合的高雅运动，运动强度不大，体能要求不高，适合各个年龄段的客人；第四，台球属于一种智力体育活动，运动时要对球势进行分析判断，训练大脑的理性思维能力；第五，参加台球运动的人数较为灵活，可一人进行练习，也可多人进行角逐；第六，台球运动方法多样、规则多变、趣味性强，能够吸引大量的爱好者。

二、台球项目的分类

台球流行于世界各国，从不同的角度有不同的分类方法。世界上较为流行的台球分类方法，主要是按照台球的起源，将其分为英式台球、美式台球、法式台球。

（一）英式台球

英式台球包括英式比例台球和斯诺克台球两大类，主要流行于英国、爱尔兰、加拿大等英联邦国家。

1. 英式比例台球

英式比例台球又称为三球落袋式台球，属基础类型的台球，是世界上正式台球比赛的项目之一。英式比例台球使用的球是一只红球，两只白球。为了区别两只白球，其中一只白球带有点或纹形。球台有 6 个网袋，台面分为内区和外区，在内区的半圆线内为开球区。在外区的中轴线上，标有红球基点、白球基点和白球备点。先开球的一方应以带有点的白球作为自己的主球，对方则以全白球为主球。开球时，台面上只有一个红球放在红球基点上，开球一方可以把自己的主球置于开球区内任意一点开球。记分方法为碰红自落得 3 分，碰白自落得 2 分，送红落袋得 2 分，送白落袋得 2 分，连碰双球得 2 分。当白球送入袋后，要立刻将其从网袋中取出，放在红球基点上，以备再打。当送红球入袋后，也可取出拿在手里等待获得击球权时再用。

2. 斯诺克台球

斯诺克（Snooker）台球是世界流行的主流台球项目之一。斯诺克共用球 22 颗，其中 1 颗白球（主球）、15 颗红球、6 颗彩球（黄、绿、棕、蓝、粉、黑）。分值分别为：红球 1 分、黄球 2 分、绿球 3 分、棕球 4 分、蓝球 5 分、粉球 6 分、黑球 7 分。台面上半圆形区域为开球区，开球方可将白球摆在开球区的任何位置，每次击球后，白球停在什么位置，就必须接着由什么位置打起。打球方必须先打入一颗红球后，才能任选一颗分值高的彩球打；彩球打进后，需取出重新摆回其定位点；再打红球，红球打进后再打彩球，如此反复。红球全部入袋后，必须按照从低分值球到高分值球的顺序打彩球，依次是黄球、绿球、棕球、蓝球、粉球和黑球。此时打进的彩球，不用再拿出来，直至所有彩球入袋，台面上只剩下白球，则比赛宣告结束。分高者为本局获胜者。

（二）美式台球

美式台球又称美式普尔（也称鲁尔球），是在法式台球和英式台球之后又形成的一种新风格的台球。它与英式台球和法式台球并驾齐驱，广泛地流行于西半球和亚洲东部。美式台球的规则与法式台球和英式台球相比，较为大众化、普及化。美式台球包括八球制台球、九球制台球、芝加哥台球、普尔台球等种类。其中美式八球台球在我国的影响是最大的，用同一颗主球（白色）及 1~15 号共 15 颗目标球，1~7 号球为全色球，8 号球为黑色球，9~15 号为双色球（又称花色球）。双方按规则确定一种球（全色或是花色）为自己的合法目标球，在将本方目标球全部按规则击入袋中后，再将 8 号球击入袋的一方获得该局的胜利。若一方在比赛中途将 8 号球误击入袋或将 8 号球击离台面，则对方该局获胜。

（三）法式台球

法式台球起源于法国，也称为开伦（Carom）台球，其含义是连续撞击两个球，即用主球连续触及两个球，这是法式台球最基本的要求。与英式台球、美式台球的球台相比，最主要的区别是：法式台球球台没有网袋。法式台球比赛只用三个球，两个白球为双方的主球，其中一个白球上带有红点或者黑点，另外还有一个红球。比赛方式多变，有"颗星 Carom""三球 Carom""四球 Carom""直线 Carom"等。其中主要的是"三球 Carom"台球，该种比赛的基本要求是主球除必须连续撞击两个球以外，还需撞岸三次方可得分，故也被称为"三库（三边）Carom"。

开伦台球

开伦台球在国外每年都有国际性的大赛，拥有大批高水平的三球 Carom 选手。目前亚洲的韩国、日本、越南等国家开伦台球的水平也都比较高，其国际赛事规模不亚于斯诺克和九球。目前国内打开伦的人群集中在辽宁和云南两个地区。

法式台球表演

三、台球的设施设备

台球出现至今，人们不断对其游戏规则、游戏设备进行改进。目前，饭店康乐部配备的台球设备必须符合世界台球联合会（WPBSA）提供的设计参数。

（一）球

如今，国内外所使用的台球已由高能聚酯球取代了传统木材、象牙质地的球，其色调纯正、表面光滑、弹性和韧性好，而且球的重心和圆度质量精确可靠。台球因项目分类繁多，球的直径有大有小。开伦球的直径为 6.15 厘米，现在常用的是 6.55 厘米，每个球重量约为 230 克；美式落袋式台球（P001）球的直径为 5.71 厘米，每个球重量约为 170 克；英式斯诺克球的直径为 5.25 厘米，每个球重量为 145～146 克；英式比例球的直径和重量与斯诺克台球相同。

（二）球杆

球杆是直接击球的重要工具。制造球杆的木材以白蜡木和加拿大枫木为主，这两种木质弹性好，又不易变形，很受台球爱好者和运动员的欢迎。为了加大球杆的冲击力，有的球杆加重了后把（后半部），有的球杆后半截由红木或乌木制作，既美观又实用。球杆的长度和重量在游戏时并没有严格的规定和要求，只要自己用着顺手就可以。一般讲来，球杆长度为 1.4～1.5 米，要和身高相协调；重量为 450～500 克，必须与个人体力相适应。

（三）杆架

英式球台既宽又长，经常会出现距目标球较远或目标球前面有其他球阻碍的情况，这时需要用工具式杆架把人的手臂延长以打远球。杆架主要有短杆架、长杆架、高杆架和探头架

（蛇头杆架）等。

（四）巧克粉

打台球时为防止球杆的皮头和球之间打滑，需要在皮头上涂抹一层巧克粉，以增加皮头和球之间的摩擦力。这种巧克粉的形状为块状，外形为正方体，是用粉末材料压制而成的。往皮头上涂粉时，右手拿粉块斜对着皮头，有节奏地来回打粉，同时左手转动球杆，对整个撞头涂抹均匀。

（五）记分牌

记分牌是在比赛时用来记录、计算运动员比赛成绩的工具。常用的一种是用于一般台球室的横向指针式记分牌，主要用于斯诺克二十二彩球和三球比例的比赛计分。还有一种是常用于开伦台球赛的横算盘式计分盘。

（六）插杆架

为防止球杆弯曲变形或局部摔坏，打完球后存放球杆也是一件不容忽视的事情。每个台球室都有存放球杆的插架或柜子，既方便存取，又可以保护球杆。

（七）定位器

在游戏时，球的表面经常被杆头上的巧克粉或台面上的落尘等玷污，影响球的正常滚动。这就需要把球表面擦拭干净，再准确无误地放回原处，此时需要一件给球固定原位的工具，即用透明有机玻璃加工制作的"定位器"。定位器还可以在打比例时通过分角线对压在禁区界线上的台球做出正确判断。

（八）球桌

球桌有两种：有落袋球桌和无落袋球桌。有落袋球桌主要适用于美式台球和英式台球；无落袋球桌主要适用于法式台球。台球桌内框尺寸长宽比应为2:1，一般都是用坚硬的木材制成，特别是球桌四边的碰边，更是采用优质硬木，如柚木、橡木、柳桉木等，其边框弹性大、耐撞击，木质边框上还镶有一条三角形橡胶边，以增加边框的弹性。台面由3~4块石板铺成，石板表面光滑，经安装师傅调平后，接缝严密、平整，石板上再铺粘一层绿色的台呢，可增加台面的摩擦力。球桌分为底台边、顶台边、左台边、右台边。球桌由置球点、内区、外区、底袋、中袋、顶袋、开球区组成。斯诺克台球桌尺寸为3820mm×2035mm×850mm，美式落袋台球桌尺寸为2810mm×1530mm×850mm，花式九球台球桌尺寸为2850mm×1580mm×850mm。

（九）灯光

在台球设施中，灯光照明是很重要的一部分，既要明亮，又不能刺眼。台球场地中的照明应装在较大的灯罩中，其灯罩应置于球桌上方75厘米的地方，一张球桌需要300W的照明。

四、台球设备的维护

（一）球杆的维护

高档球杆由天然木材制作而成，尽管材料经过多道工序处理筛选，但因表面无防护漆层，使用过程中如不精心保养，其外部及内部结构仍可能产生变化。此外，由于球杆体形细长，经常性撞击也易造成损伤。因此，要想保持球杆性能稳定、延长使用寿命，必须要精心维护。

（1）球杆在使用过程中应保持干净，经常用干布擦拭，防止汗渍及其他污物渗进木质中侵蚀杆体。带有接扣的球杆，丝扣接触面应保持干净，不要用湿布擦拭球杆。

（2）定期涂抹杆油，以防止空气干湿变化而影响球杆性能。给球杆上油是为了滋润木质，保持球杆前枝的弹性，防止木质的开裂。特别是在北方，冬季气候十分干燥（空气湿度低于60%），木质很容易开裂。一般说来，当感觉球杆表面枯燥、发涩，木质发灰、发暗的时候，就得赶紧给球杆上油了。

（3）球杆不使用时尽量保持垂直放置，或者选用结构好的杆盒存放。不要将球杆长期放在温度过高或过低及干湿变化大的地方。

（4）木质表面发生轻微变化时不可用粗砂纸打磨。必要情况下用抛光砂纸轻轻擦拭，之后立刻涂上杆油。如变化大，则必须进行专业维护。

（5）不要经常敲击震动球杆（尤其是带有接扣的球杆）。不要用未粘皮头的球杆击球。铜环、丝扣等部位一旦松动，应尽快维修，以避免木质受到损坏而无法补救。

（二）球桌的维护

1. 刷拭台球桌

规律性地使用专用台呢刷刷拭台呢是台呢保养方法中必不可少的步骤。它可以除去台呢表面的灰尘和残留的巧克粉末，也可以帮助台呢绒毛恢复原有的方向性，从而保证台呢具有理想的外观及功能，还可以在很大程度上延长台呢的使用寿命。在刷拭台球桌的过程中，一定要顺着台球桌绒毛原来的方向刷，不可横向刷拭，更不可反向擦拭。否则，台球桌绒毛的方向性将被破坏，甚至消失，使台球桌的羊毛纤维纠缠到一起，从而影响球速及走位的准确性。另外，刷拭台球桌一定要轻柔，以免损伤台呢纤维。

2. 熨烫台球桌

在不定期地刷拭台呢后，顺着绒毛的方向熨烫台球桌，可以提高球在台球桌上的滚动速度。熨烫次数取决于球桌的使用频率及室内的湿度。在潮湿的环境中，应适当增加台球桌的熨烫次数。熨烫台球桌之前，一定要保证台球桌已经正确地刷拭过，绒毛及纤维向着正确的方向。否则，台球桌上的任何污物或是不正确的绒毛方向将会在熨烫过程中被永久地留在台球桌上。切记：库边台球桌不需要熨烫，但必须时常刷拭。

（三）台球的保养维护

台球的设施设备在保养维护的过程中，要注意避免造成其损坏。如：皮头磨损露出铜箍后直接击打球面，将球打裂或留下月牙痕迹；水泥地面没有铺设地毯，球落地受撞击而损坏；球遇高温或火烤引起化学变形；球在空气中形成的常规污染。

台球的保养办法包括以下几点内容：

（1）在30℃左右的温水中加入适量的液体洗涤剂，将球置入水中浸泡5~10分钟。如果球面有污染物，须用软毛刷将其清除掉。

（2）将球取出，置于另一盆30℃左右的清水中清洗。清洗完毕后，用质地柔软的厚毛巾将球擦干。

（3）在球的表面均匀喷洒少量碧丽珠，并用干毛巾反复擦拭。如果使用洗球液，滴适量溶液于球面上，直接用干毛巾擦拭即可。

（4）娱乐场所台球厅用球一周清洗一次。

五、台球室的布局要求

台球是一项优雅而技术深奥的室内体育活动，其独特的竞赛方法使客人在打球的过程中充满挑战和思考的乐趣。台球室在康乐部中往往较为特殊，其环境布置应该营造出西方古典的装饰风格，以突出台球的古典绅士风范。整个台球室的场地要求平坦、干净、明亮及通风条件良好，否则有损健康。布局要求如下：

（一）空间布局要合理

1. 接待区和酒吧区

接待区是康乐部用来迎接客人、提供台球服务的区域，一般以柜台形式设于台球室入口处。柜台是台球室接待客人的第一个窗口，所以设计和设备配置都应方便工作、造型美观且能够吸引客人的注意力。理想的柜台高度是1.1米左右。接待处的灯光部分，要使用亮度适宜的光线，配备不同层次、不同类型的灯光，以保证良好的光照效果。光照的强弱变化要和整个饭店的灯光设计相结合，使客人可以适应灯光的变化。接待处的色彩多采用暖色调，以烘托豪华、宁静的气氛，从而满足客人对台球室环境的要求，创造出台球室安静、轻松的氛围。饭店康乐部为了方便对台球器材的管理、减少人工成本，通常会将插杆架放置于接待处。当客人办理了必要的登记手续后，由接待员帮助客人挑选球杆。

酒吧区位于接待区的附近。作为健康生活方式的活动场所，台球室酒吧区的主要经营形式表现为服务吧，其供应的品种较为简单，只提供简易的酒水、饮料和小食品。

2. 球桌区和休息区

球桌区是整个台球室的核心，摆设有球桌、计分器等台球设备。球桌区的面积应根据所用的球桌规格来确定。根据球桌的长和宽，在球桌四周应最少留出一个标准球杆的长度。再加上服务人员和其他客人的走动面积，应在上述规格的基础上至少加上1.5米的公共区域。若台球室里有不少球桌，则可共用公共区域。球桌区的布局重点是球桌和客人击球区域。要特别注意在进行装饰布局时，无论是灯光照明还是色彩的使用，都要避免影响客人的击球情绪。一般在球桌上方75厘米处悬挂300W左右的灯具，并外加长方形的大灯罩。这主要是为了控制灯光的照明范围，避免灯光散射，刺伤眼睛，同时可以使客人在击球时得到充足的灯光照明。在球桌区色彩装饰上尽量选用和谐的色调，减弱周围环境对击球者的影响。

（二）室内装饰摆设要典雅

台球是一种高雅的运动，对台球室的装潢设计也有着较高的要求，要求塑造出一种典雅的室内气氛。在台球室的室内装饰上要体现饭店的档次和特色，可使用具有西方古典风格的家具、装饰物及色彩来突出台球运动特有的绅士风度。

（三）设施设备要优良

台球运动的设备要求是很严格的，从球桌的平稳度、台面的平整到球杆的长度、重量和平直都是客人所关注的。要吸引客人来此消费，就必须为客人提供标准而高质量的设施设备。

（四）空气质量要适宜

由于台球运动是一种静中取动，体力和智力相结合的康体运动，因此对室内的温度和湿度要求较严格，否则会影响客人在击球时的发挥。台球室的温度、湿度要维持在人体所需要的度数，温度一般为 22℃~24℃，湿度为 40%~60%，整个环境比较适宜。

六、台球室的设计要求

（一）设施设备要求

（1）球桌、球杆、台球、计分显示器等器材和设备，符合国际比赛标准。
（2）球桌坚固平整。
（3）室内照明充足，光线柔和。
（4）各种设备齐全、完好、无破坏。
（5）设施设备完好率趋于 100%，不低于 98%。

（二）配套设施要求

（1）球场旁边要有与接待能力相应档次与数量的男女更衣室、淋浴室和卫生间。更衣室配带锁更衣柜、挂衣钩、衣架、鞋架与长凳。
（2）淋浴室各间互相隔离，配冷热双温水喷头、浴帘。卫生间配隔离式坐便器、挂斗式便池、盥洗台、大镜及固定式吹风机等卫生设备。
（3）各配套设施墙面、地面均满铺瓷砖和大理石，有防滑措施。
（4）球场内设饮水处。
（5）各种配套设施材料的选择和装修应与健身房设施设备相适应。配套设施设备完好率不低于 98%。

（三）环境质量要求

（1）台球室门口设置营业时间、客人须知、价目表等标志、标牌。
（2）标志、标牌设置齐全，设计美观，安装位置适当，有中英文对照，字迹清楚。
（3）室内球桌摆放整齐。
（4）桌面之间和四周通道宽敞，两桌间距不小于 2.5 米。
（5）自然采光良好。
（6）灯光照明照度均匀。

(7) 换气量不低于30立方米/（人·小时）。

(8) 整个球场环境美观、舒适、优雅。

（四）卫生标准要求

(1) 台球室要每日清理，随时清洁。

(2) 球桌平整光滑，台面无印迹、无污迹、一尘不染。

(3) 墙壁整洁美观，无蜘蛛网、无灰尘、无污迹，不掉皮、不脱皮。

(4) 地面洁净，无废纸、无杂物、无卫生死角。

(5) 所有用品、用具摆放整齐、规范。

七、台球室员工的岗位职责及任职资格

（一）台球室领班

直接上级：康乐部经理（副经理）。

直接下级：台球室服务员。

岗位职责：

(1) 负责制订台球室的营业计划，批准后执行。

(2) 制订台球室员工岗位技能培训计划，批准后协助培训部实施、考核。

(3) 负责台球室管理员、服务员的工作岗位调配，报康乐部主管批准后执行，并转入人力资源部备案。

(4) 负责布置台球室管理员、服务员工作任务。

(5) 巡视检查台球室的各项工作，记录台球室管理员、服务员的考勤情况。

(6) 填写台球室管理员、服务员的过失单和奖励单，根据权限按照项目进行处理。

(7) 负责每日召集台球室管理员、服务员进行营业前布置，营业后总结。

(8) 负责巡视、检查台球室的各项工作。

(9) 向台球室客人说明有关规定和注意事项，劝阻客人的违规行为和不文明行为，维持台球室的正常营业秩序。

(10) 拒绝不符合规定的客人（如醉酒等）进入台球室。

(11) 受理客人对台球室工作人员的投诉，按照项目进行处理。

(12) 根据服务员提供的记录，整理客人消费的账单，按照项目，请客人付款或签单。

(13) 审批机房管理员提出的报修单，检查维修结果，掌握设备运作的状况。

(14) 记录台球室营业状况的流水账，统计每日的营业额以及成本费用。

任职资格：

(1) 具有一定的工作经验，能够根据台球室工作服务规范和服务项目，为客人提供优质的接待服务。

(2) 具有较好的语言组织与表达能力，仪容整洁，精神饱满。

(3) 具有良好的服务意识和团队协作、沟通、饭店产品推销及管理能力。

（二）台球室服务员

直接上级：台球室领班。

岗位职责：

（1）负责台球室的接待服务工作，包括领位服务、台球服务、茶点服务、结账服务以及客人在台球室消费期间的其他服务工作。

（2）负责台球室营业场地的卫生清洁保养工作。范围包括大厅、包房、吧台、卫生间、衣帽间等公共场所。

（3）负责台球室营业前的器材和其他物品的准备工作。

（4）负责向客人推销酒水。

（5）认真做好营业期间的消防、安全防范工作，注意观察客人的异常情况，发现问题应及时汇报。

（6）及时处理台球室发生的突发事件。

任职资格：

（1）高中及以上学历。

（2）能够熟练地为客人讲解和示范台球的比赛方法和技巧、记分方法和游戏比赛规则。

（3）能够及时发现台球室的设施设备运转中的非正常情况，并采取相应的应对措施。

（4）能够根据台球室工作服务规范和服务项目，为客人提供优质的接待服务。

（5）具有较强的饭店产品推销能力。

（6）具有较好的人际关系处理能力，能够妥善处理上下级之间的关系，善于处理与客人之间的关系。

八、台球室的服务程序

（一）班前准备工作

1. 检查仪容仪表

作为饭店康乐部的员工，要为客人提供标准化的服务，在台球室服务员服饰等方面也要求统一标准，突出饭店的经营特色。在工作时间，仪容仪表要符合统一要求，如要身着店服、佩戴铭牌，工作服要整洁、无污渍、无破损、无缺扣等；双手保持清洁，不留长指甲；班前不吃含刺激性气味的食物。

2. 召开班前会

领班检查仪容仪表，分配预定接待任务，提出接待要求。

3. 做好清洁卫生工作，打扫责任区域

清洁卫生本身就是饭店重要的一条服务质量标准，台球室作为台球活动的场所，要求清洁无尘。这就对台球室的清洁工作提出了更高的要求，要求做到：四壁无尘，无蜘蛛网；地面清洁无尘；家具无污渍；灯具无灰尘、无破损；客用杯具等无污痕；沙发、椅表面无污渍、无破损；台球室空气清新，无异味；金属部件光亮；室内卫生无死角等。

4. 班前准备工作

各岗位工作人员检查服务用品和客用物品的准备情况，核对用品状态，对不合格的客用品要予以更换，提前为客人的娱乐消费创造便利条件。正式营业前5分钟，各岗位员工在工

作岗位上以标准站姿迎接客人的到来。

（二）迎宾接待工作

（1）台球室的预约。客人一般采用电话预订，要在铃响三声内接听，如因工作繁忙，应请客人稍候；注意使用规范语言，热情而主动地接待客人的预订；准确记录客人姓名、房号（住店客人）、使用时间，并复述清楚，取得客人确认。对已确认的客人预订，要通知有关服务人员提前做好安排。

（2）当客人来到台球室时，接待人员应目视客人，面带微笑，点头示意问好。无论接待员正在从事什么工作，都要先停下手头工作，向客人问好后，请客人稍等，然后尽快结束手头工作，为客人提供接待登记服务。

（3）询问客人是否预约，向有预约的客人介绍台球场设施、租金、收费标准以及为客人提供的相关服务。对无预约的客人，如果场地已满，应礼貌地告诉客人打台球需要提前预约，以避免与其他客人在时间上发生冲突。

（4）为客人办理登记手续。在《记录册》上记录下客人的姓名、房号、运动时间，并询问客人是否需要陪练员，如需要则做出相应安排。

（5）请客人确认付费方式。对要求签单的客人，请其出示房卡；对要求使用信用卡的客人，请其出示有效证件。

（6）为客人挑选适用的球杆，并收取一定的押金。

（7）通知相关服务员做好服务准备。

（三）大厅服务工作

（1）当得到接待员的通知后，大厅服务员应引导客人到指定球台处，帮助客人摆好球，询问是否还有其他要求。

（2）替客人去酒吧取酒水饮料，在客人消费过程中提供有关的清洁和续杯服务。

（3）客人运动时间即将用完时，应及时询问客人是否需要续时。

（四）送客结账工作

客人结束消费，大厅服务员目送客人离开台球室，检查有无客人遗留的物品，同时清点、检查客人所用台球设备是否有损坏。若有损坏，应及时通知接待员；若没有问题，则应将球和球杆摆好，并保持球台周围的清洁卫生。接待员为客人办理结账手续，向客人致以谢意，并欢迎客人再来消费。

（五）结束收尾工作

客人离去后，台球室服务人员要清洁台球室卫生，将一切恢复原状，为下一批客人的到来做准备。客人运动后休息时，应主动、及时询问是否需要饮料、小吃，如需要则做好记录，并迅速提供服务。客人离开应主动告别，并欢迎客人再次光临。

任务四 乒乓球项目

20 世纪初期，乒乓球运动就进入了我国。20 世纪 50 年代，我国第一代乒乓球运动员徐寅生等运动员，代表中国参加了多次国际比赛，获得了数块金牌与银牌，不但为国家争了光，还拉开了全民参与乒乓球运动的序幕，从此，乒乓球运动被我国人民称为"国球"运动。

一、乒乓球运动的起源

"乒乓球"这一名称起源自 1900 年，它的英语官方名称是"table tennis"，意为"桌上网球"。在中国，就以"乒乓球"作为它的官方名称，香港及澳门等地区也同时使用。然而，中国台湾地区和日本则称为桌球，指球桌上的球类运动。Table tennis 出现不久，便成了一种风靡一时的热门运动。

二、乒乓球的运动规则

乒乓球单人比赛原来一般采取三局两胜或五局三胜制（每局 21 分），2001 年改为七局四胜制或五局三胜制（每局 11 分），所谓"局"，英文为 Set，发球叫 Serve。乒乓球起源于英国，欧洲人至今把乒乓球称为"桌上的网球"。由此可知，乒乓球是由网球发展而来。

三、乒乓球运动的特点

乒乓球运动场地面积相对较小。乒乓球适合于各个年龄段的客人。乒乓球属于一种智力体育运动，要在运动时，对球势进行分析判断，训练大脑的理性思维能力。乒乓球运动方法多样、规则多变、趣味性强，因此，吸引了大量的爱好者。

四、乒乓球的场地与布局要求

在名目繁多的乒乓球比赛中，最负盛名的是世界乒乓球锦标赛。奥运会乒乓球比赛在体育馆内进行，馆内的具体标准为：包括可容纳 4 张或 8 张球桌（视竞赛方法而定）的标准尺寸（8 米宽、16 米长、距天花板高度不得低于 4 米）的正式比赛场地、比赛区域，还应包括比赛球桌旁的通道、电子显示器、运动员及教练员座席、竞赛官员区域（技术代表、裁判长、仲裁等）。地面应为木制或经国际乒联批准的品牌和种类的可移动塑胶地板。地板具有弹性，没有其他体育项目的标线和标识。地板的颜色不能太浅或反光强烈，可为红色或深红色；不能过量使用油或蜡，以免打滑。馆内比赛区域空气流速控制在 0.2 ~ 0.3 米/秒，温度为 20℃ ~ 25℃，或低于室外温度 5℃。

五、乒乓球室的设计要求

乒乓球运动是一项室内运动，乒乓球室在设计时应充分考虑运动的活动规则和经营的特点，要保证客人在乒乓球运动时获得标准的竞赛条件，以达到休闲娱乐的目的。乒乓球室通常划分为球桌区、接待区、酒吧区和休息区。

1. 设施设备要求

各种器材和设备齐全完好、无损坏，符合国际比赛标准。

2. 配套设施要求

球场旁边要有与接待能力相应档次与数量的更衣室等配套设施。

3. 环境质量要求

整个球场环境美观、舒适、优雅。

4. 卫生标准要求

乒乓球室要每日清理，随时清洁。

六、乒乓球室员工的岗位职责及任职资格

（一）乒乓球室领班

直接上级：康乐部经理。

直接下级：乒乓球室服务员。

岗位职责：

负责制订乒乓球室营业计划、制订员工岗位技能培训计划并实施考核、员工工作岗位调配、布置员工工作任务、巡视检查工作、奖惩员工、召开部门会议、处理投诉、维持乒乓球室的正常营业秩序、向客人说明有关规定等。

任职资格：

高中以上学历，受过专业培训；能够做好设施设备日常维护；具备用一门外语同客人进行简单交流的能力，客户关系良好。

（二）乒乓球室服务员

直接上级：乒乓球室领班。

岗位职责：

负责乒乓球室的接待服务工作；负责营业场地的卫生清洁保养工作；负责营业前的器材和其他物品准备工作；负责向客人推销酒水；注意观察客人的异常情况，发现问题应及时逐级汇报、及时处理乒乓球室的突发事件等。

任职资格：

高中以上学历；能够熟练为客人讲解和示范乒乓球的比赛方法和技巧、记分方法和游戏比赛规则；能够及时发现设施设备异常情况并采取相应的应对措施，具有较好的人际关系处理能力，善于处理与客人之间的关系等。

任务五 网球项目

网球（Tennis）是一项优美而激烈的运动，其由来和发展可以用 4 句话来概括：孕育在法国，诞生在英国，普及和高潮在美国，现在盛行全世界。网球与台球、高尔夫球被称为世界三大绅士运动。

一、网球项目介绍及运动起源

网球是一种有氧和无氧交替的运动，可以最大限度地使希望锻炼身体的人得到不同层面的满足。网球运动能够训练身体的协调性，消耗多余的脂肪，使体形趋于修长、完美，可以运动肌肉，促进身心的健康，降低血压，减低发生心脏病的风险，增加人体免疫能力，提高抗病能力和病后康复速度。通过和队友的比赛，可以培养参与者的团队合作精神，以及面对挫折的应变及处理能力，提高其社会竞争力。

16～17 世纪是英、法两国宫廷内网球运动的兴盛时期。而现代网球运动的历史一般是从 1873 年开始的。那年，英国人沃尔特·克洛普顿·温菲尔德将早期的网球打法加以改进，使之成为夏天在草坪上进行的一种体育活动，并取名"草地网球"。中国的网球运动是在 19 世纪后期由英、美等国的商人、传教士引入的。近些年，网球作为健身娱乐活动，正在突飞猛进地发展，受到越来越多人的喜爱。

二、网球运动的分类

（一）球场的分类

1. 草地球场
草地球场是网球球场中历史最悠久、最具传统意味的一种场地，是在平整的草地上开展的活动。在草地球场打球时，球落地时与地面的摩擦小，球的反弹速度快，落地后有明显的打滑现象。随着比赛的进行，黑麦草脱落的地方露出草根和地皮，此处的摩擦就会增大，地基也会凹凸不平。所以，草地上球的反弹很不规则，一方面要求球员要熟悉草地性能，有很好的预判性，随机应变；另一方面，对球员的奔跑速度和技巧等要求非常高。不过，由于草地球场对草的特质、规格要求极高，加之气候的限制以及保养与维护费用昂贵，很难被推广到世界各地。

2. 土地球场
土地球场，广义来讲包括真正的沙土场地和用类似材料做成的场地以及合成场地，其正确的叫法应该是软地球场。虽然建造维护费用相当昂贵，不过柔软的脚下感觉和场地对球员的保护，使得这种场地近年来重新受到青睐。最早的土场就是用沙土做成的，到 20 世纪初欧洲人发明了快干场地，即在场地表面铺上一层碎砖末或火山灰等物，这样水就会很快渗下，地表干燥的速度就快了；后来，美国人发明了绿土场，即把本土天然的绿石块粉碎铺在场地表面，而不像欧洲那样用砖末。这两种场地就是现在所谓的土地球场。

3. 硬地球场

硬地球场是相对软地球场（土场）来说的。其自身种类繁多，弹性稳定，维护简便；用于正式比赛的主要有塑胶场地、混凝土场地、地毯网球场。

（1）塑胶（Synthetic）场地的代表就是墨尔本的澳网中心球场。这种场地弹性极好，球在落地后反弹很高，同时由于表面弹性系数小，球与场地的作用时间长，这一点类似于软性场地，而橡胶表面里还掺有塑胶颗粒，可增大表面摩擦系数。以上两个因素的综合作用，使橡胶场的球速相对较慢。

（2）混凝土（Concrete）场地的代表是美网阿什球场，即美网系列赛的场地。这就是通常说的水泥场。正式比赛时，场地上面有一层薄塑胶覆盖物或颜色涂料，由覆盖物的性质决定球反弹的高度和速度。这种场地在所有硬地里是最快的，球的反弹不太高，球场表面相对光滑，球落地明显看得出向前蹿的现象。在快速硬地场上，发球具有强大的破坏力，比赛时有更强的观赏性，可欣赏到优雅的上网时刻。但需要注意的是，这种场地很容易对球员下肢造成运动伤害。

（3）地毯网球场是室内赛季的主要球场，如巴黎大师杯和20世纪90年代在德国的年终赛。其表面有塑胶面层、尼龙编织面层等，一般用专门的胶水黏接于具有一定强度和硬度的沥青、水泥、混凝土底基的地面上即可，有的甚至可以直接铺展或黏接于任何有支持力的地面上，其铺卷方便，适于运输且有非常强的适应性，室内室外甚至屋顶都可采用。与塑胶场地相比，地毯网球场是类似草地的硬地，塑胶场地则是偏向土地的硬地，二者有着一定的差别。网球在地毯上的速度需视场地表面的平整度及地毯表面的粗糙程度而定。

（二）软式网球和短式网球

1. 软式网球

软式网球是从网球派生出来的一种运动。软式网球诞生于日本的明治维新初期。当时，西方的传教士、商人将草地网球带进了日本，于是在繁华的城市中开始有了网球活动。然而，由于当时日本还不具备制作网球和网球拍的条件，依靠进口价格又比较昂贵，所以使用作为玩具的橡胶球进行活动。由此在日本诞生了软式网球。它使用的球为橡胶球，需要充气，并对气压有一定要求，球拍比网球拍要小，材料和网球拍差不多，使用的大多是钛合金。软式网球的场地与网球场地相同，有沙地和沥青涂塑地等。球场大小与一般的网球场相同，但是球网的高度为1.06米。比赛方式分为团体赛、双打比赛及单打比赛。

软式网球与网球的区别

2. 短式网球

短式网球起源于20世纪70代后期的瑞典，此后在欧美各国流行甚广。如今，世界各国普遍用短式网球来对儿童进行启蒙训练。它对人才的培养，强化网球人口，提高科学训练水平起到了积极的作用。短式网球使用的场地是标准网球场地的三分之一，球拍与正规网球球拍形状和结构一样，但轻且小，有铝合金和碳素两种。球拍的长度一般分为47厘米、49厘米、55厘米、59厘米四种，重量在160～220克，可根据孩子身高、年龄、手的大小、手腕的力量、性别等来选择。短式网球的球有两种：一种是海绵球，重量极轻，适合于6岁以下孩子使用；另一种叫过渡球，类似于正规网球，但是尺寸小，球内压力小，比标准网球软。

三、网球的设施设备

（一）球场

国际网联规定，球场设计时单、双打的场地合在一起，仅以白线作区分界线，网球双打场地的标准长宽尺寸是23.77m×10.97m，单打场地的标准长宽尺寸是23.77m×8.23m。在端线、边线后应分别留有不小于6.40米、3.66米的空余地。室外场地的散水坡为横向，坡度不大于8‰。室外场地的四周可用钢丝网作围栏，围栏的高度应处于4～6米，以免球员将球击出场外。室内网球场地除面积规格要同室外球场一致外，还要求球场的天棚高度不得低于12米，地面多为涂塑地面。网球场需要安装照明灯光，室外球场上空和端线两侧不应设置灯具。室外球场灯具应设置在边线两侧围挡网距地面高7.60米以上，灯光从球场两侧向场地均匀照射。每片网球场的平均照明度，依据一般的国际比赛要求，此外比赛的级别不同对灯光要求也不一样。

（二）球网

国际比赛规定，在球场安装网柱，两个网柱间距离是12.80米。网柱顶端距地平面是107厘米，球网中心上沿距地平面是91.4厘米。球网处在场地中间，将场地分隔成相等的两个半场。

（三）球和球拍

1. 网球

网球呈圆形，为有弹性的白色或黄色橡胶球，正式比赛时大多使用黄色的球。球中间是空心的，外面以毛质纤维均匀覆盖，直径为6.35～6.67厘米，重量在56.7～58.47克。球面上的短毛有稳定方向、延滞球速的功能，短毛脱落严重的旧球会变得不易控制，最好换掉。

2. 球拍

球拍的材质不同，有木制、铝制、玻璃纤维和碳素纤维等几个种类。目前最受欢迎的是碳素纤维球拍，它弹性好、韧度够、重量轻。球拍总长不得超过81.25厘米，总宽不得超过31.75厘米。框内由弦线纵横交错织成拍面，弦线通常采用羊肠线、牛筋线或尼龙线。尼龙线坚韧耐用、不怕雨淋，但弹力较差，旋转力不够。羊肠线属于较高级的弦线，弹力足、旋转力强，但在雨天或天气潮湿时容易断裂。一副好的球拍要考虑重量、平衡及握柄的减震等因素，握起来要顺手，挥动时手腕不沉就可以。

（四）网球服装

网球服装的式样繁多，除了在球场穿用外，也可将网球服装当作休闲服来穿。上衣部分以短袖有领的棉衫为主，冬天则穿羊毛质料制成的球衫，但基本上都要符合通风吸汗的要求。下装部分男性多穿便于活动的短裤，女性则可选择短裙或裙裤。鞋袜是网球运动中相当重要的一环，鞋子要选用抓地力强、质量较轻的网球专用鞋，以便做各种折返冲刺的动作；袜子则以厚短袜为最佳选择。一般说来，网球服装仍以白色系为主，在球场上显得格外抢眼。另外，帽子、大毛巾、止汗腕带、发带等小配件也最好一起备齐。这些配件虽然不起眼，却能发挥奇效，让球员打球时更顺手。

四、网球场的设计与环境布局

（一）网球场设计要求

（1）网球场应设计成长方形。
（2）单打场地的长度为 23.77 米，宽度为 8.23 米。
（3）双打场地的长度为 23.77 米，宽度为 10.97 米。
（4）球场正中心设球网，将整个球场分成两个面积相等的半场。
（5）网球场地可以是草地、硬地等多种，但以沥青涂塑等合成的铺面硬地较为普遍。

（二）设施设备要求

（1）球场符合国际网球比赛标准。
（2）场地平整，照明充足、光线柔和，顶灯下设反射罩。
（3）球网、球拍质量优良。
（4）室内网球场有足够高度，墙面染色、整洁，无任何装饰物。
（5）加强对网球场的各种器械设施的保养，对被破损的或不能正常使用的设施要及时报请工程部进行维修。

（三）卫生要求

（1）网球场地平整、清洁，无废纸、无杂物、无垃圾。
（2）墙面光洁，无灰尘、无蜘蛛网。
（3）冬天冲刷场地时，要避免冰块对场地的划伤破坏。
（4）每日都要清扫或吹尽场地上的浮尘和树叶等杂物。在使用风机时应特别注意风机油箱的密封，防止油漏出或滴溅到场地上。
（5）如果发现场地面层有破损，应及时用相同材料修补，以免破损面积不断扩大。
（6）在条件允许的情况下，可根据现有塑胶面层状况的需要定期再铺涂一层面油，以保持网球场地外观上的艳丽。

五、网球的比赛规则

网球运动深受人们的欢迎，在欧美更是流行。比赛时双方各占网球场一边，由一方发球开始，运动员手执网球球拍，运用发球、正反拍击球、截击球、变压球、挑高球、放短球、击反弹球等技术，以及发球、上网和底线抽击球等战术，努力将球击至对方场地。正式网球比赛有 13 名裁判执法，其中主裁判 1 名，球网裁判 1 名，监督发球裁判 1 名和边线员 10

名。网球比赛分为单打和双打两种形式。球员用网球拍将球击过网，落入对方的场地上。球员的目的是尽力将球打倒对方的场地上去。就这样一来一回，直到有一方将球打出界或没接到球为止。在正式比赛前，需要确定比赛由谁先发球。整个比赛中，双方球员轮流发球。发球员在发球前应先站在端线后，中点和边线的假定延长线之间的区域里。发出的球应从网上越过，落在对角的对方发球区内。每局第一分球记为15，第二分球为30，接下来为40。每局比赛中，至少要比对手多2分球才能结束该局比赛。

网球的奥运规则

网球比赛有男女团体、男女单打、男女双打及混合双打几个项目。网球的团体项目为两个单打一个双打，或者四个单打一个双打；男子单打和双打采取三盘两胜或五盘三胜制，女子单打和双打以及男女混合双打采取三盘两胜制。如一方击球出界、球落网或让球落地两次后再击，则均失1分。先得4分者表示战胜一局，以先胜6局为胜一盘。每局结束后，双方交换发球。

网球的计分方法包括：胜一局的情形为：每胜一局得1分，先胜者得4分；双方各得3分时为"平分"，平分后净胜2分。胜一盘的情形为：一方先胜6局为胜一盘；双方各胜5局时，一方再净胜两局为胜一盘。决胜局计分制：在每盘的局数为6平时，一方净胜两局为胜一盘。

六、网球场员工的工作职责及任职资格

（一）网球场领班

直接上级：康乐部经理（副经理）。

直接下级：网球场服务员。

岗位职责：

（1）负责制订网球场的营业计划，批准后执行。

（2）负责制订网球场员工岗位技能培训计划，批准后协助培训部实施、考核。

（3）负责网球场管理员、服务员的工作岗位调配，报康乐部主管批准后执行，并转入人力资源部备案。

（4）负责布置网球场管理员、服务员工作任务。

（5）巡视、检查网球场的各项工作，记录网球场管理员、服务员的考勤情况。

（6）填写网球场管理员、服务员的过失单和奖励单，根据权限、按照项目进行处理。

（7）负责每日召集网球场管理员、服务员进行营业前布置，营业后总结。

（8）负责处理网球场管理员、服务员在工作中出现的争议。

（9）负责巡视、检查网球场的各项工作。

（10）向网球场客人说明有关规定和注意事项，劝阻客人的违规行为和不文明行为，维

持网球场的正常营业秩序。

（11）拒绝不符合规定的客人（如醉酒等）进入网球场。

（12）受理客人对网球场工作人员的投诉，按照项目进行处理。

（13）根据服务员提供的记录，整理出客人消费的账单，按照项目请客人付款或签单。

（14）审批机房管理员提出的报修单，掌握设备运作的状况。

（15）记录网球场营业状况的流水账以及成本费用，检查维修的结果，统计每日的营业额。

（16）学习网球场管理技巧，了解本行业其他网球场经营状况。

（17）熟悉网球场各种设备，熟悉网球活动规则。

任职资格：

（1）高中以上学历，受过网球专业培训。

（2）能够搞好设施设备日常维护。

（3）具备用一门外语，可以同客人进行简单的交流，客际关系良好。

（4）身体素质较好，能较长时间地进行体育运动。

（二）网球场服务员

直接上级：网球场领班。

岗位职责：

（1）负责网球运动项目的预订、开单、接待服务工作。

（2）负责网球场地的环境卫生清洁工作，保持卫生整洁，使其各项卫生指标达到规定的标准。

（3）负责营业前的各项准备工作，每天按时准备好各项营业用品，如须补充应及时申领，保证营业期间的供应。

（4）负责维护保养网球场的设施设备，保证其运转正常。

（5）负责维护保养运动器械，使其处于良好的运转状态。

（6）负责指导客人做好运动前的各项准备工作，并向客人讲明注意事项，提醒客人注意运动安全。

（7）在客人运动休息期间，为客人提供饮料和休闲食品以及其他服务。

（8）认真执行酒店的交接班制度，做好交接班工作记录。

（9）为客人提供细致、周到、规范的网球场接待服务。

任职资格：

（1）高中及以上学历。

（2）能够根据网球服务工作规范和服务项目，为客人提供优质的接待服务。

（3）能够为客人示范网球运动，了解网球的记分方法、游戏比赛规则以及裁判知识。

（4）能够维护和保养网球运动器械及设施设备，能够及时发现设施设备在运转中的非正常情况，采取恰当的应对措施。

（5）能够及时有效地处理网球场地内发生的意外事故，并及时向自己的上级领导汇报。

七、网球的服务程序

（一）班前准备

（1）做好网球场的清洁卫生工作，包括场地、休息区、球网架等。

（2）检查球场设施是否完好，如发现问题，设法修理或报工程部门。

（3）将供客人租用的球具、球鞋等准备好。

（4）将气温、湿度及日照情况填写在公告栏内。

（5）整理好仪容仪表，要求精神饱满。

（二）迎宾工作

（1）面带微笑，主动问候客人。

（2）询问客人是否预约，并向客人介绍网球场设施、收费标准等，询问客人喜欢哪个场地，并与客人确认开始计时的时间。

（3）为客进行登记，开记录单，并收取押金，发放更衣柜钥匙等。

（4）对于未预约的客人，若场地已满，应安排其按顺序等候，并告知大约等候的时间，为客人提供水和报纸杂志等。

（三）网球服务

（1）将客人引领到网球场内，再次检查和整理场内的卫生，包括捡起地面上的杂物，将休息区的桌椅在客人入座前再擦一遍等。如果客人租用店内的球具、球鞋等，须由服务人员引领客人入场时拿到场内放好。同时，服务员须提醒客人，如果需要擦鞋服务，可以通知服务人员。

（2）主动询问客人需要什么饮料。如果需要，在确认客人所点的饮料名称、数量后，应讲"好的，请稍候"或者"谢谢您，请稍候"，并迅速为客人提供。

（3）主动协助客人挑选网球拍和网球，将客人租用的球鞋拿到场内放好。

（4）对客人出色的击球报以掌声。

（5）如果客人是初学者，要认真、耐心、细致地向客人讲解网球运动的规则并做好示范。

（6）服务员要适时询问客人需要何种饮品，并做好饮料服务工作。

（7）保持休息区内茶几、座椅、地面的整洁，客人饮料剩余 1/3 时应及时添加，烟灰缸内烟蒂数不能超过 3 个。

（8）保持洗手间、淋浴间的整洁。

（9）当客人原定运动时间即将结束时，在场地空闲的情况下，应及时询问客人是否需要续时。

（10）若客人在运动中受伤，服务人员要及时提供简单医疗救助，伤情严重的要及时与较近的医院联系。

（11）场边服务。服务人员应该尽量安排时间，在客人刚开始打球的一段时间在场边观看。主要目的是了解客人对球场条件是否适应，租用的球鞋、球拍等是否合适，并为其提供一些如捡球、整理换下的鞋子和外衣等服务工作。

（12）陪练、教练服务。提供教练服务时，应该热情、礼貌，示范动作应该规范、标准、耐心；提供陪练服务时，陪练人员应该掌握客人的心理和陪练输赢的分寸，提高客人的兴致。

（四）结账服务

（1）客人消费结束时，服务员应检查客用设备是否完好，提醒客人带好随身物品，并帮助客人收拾和提拿球具、球鞋，到收银台结账。

（2）收银员应与客人确认打球结束的时间；接过客人递来的现金或者信用卡等时，应使用服务用语向客人道谢。

（3）如客人要求签单，收银员要请客人出示房卡并与前台收银处联系，待确认后要请客人签字并认真核对客人笔迹；如未获前台收银处同意或认定笔迹不一致，则请客人以现金结付。

（五）送别客人与收拾整理

（1）礼貌地向客人道别，并欢迎客人下次光临。

（2）客人离开后，服务人员必须立即对场地进行彻底整理，将卫生状况恢复至营业的要求，准备迎接下一批客人的到来。

（3）按规定清洁、修理客人租用的球拍、球鞋等。

（4）写好交接班本，注明客情、维修情况，填写好饮料报表，送服务台签字。

（5）最后结束时，清场、清倒垃圾、关灯、锁服务台，将钥匙交总服务台，并签名确认。

任务六　壁球项目

一、壁球的起源

壁球，即对着墙壁打球的运动项目，起源于 19 世纪英国伦敦的"舰队监狱"。当时的犯人为了锻炼身体、打发枯燥乏味的囚禁时光，爱玩一种对着墙面击打小球的运动，据说这就是壁球的起源。壁球比赛所采用的球是黑色空心橡胶球，比网球略小，弹性很大；所用的球拍比羽毛球拍稍短。

二、壁球的比赛场地

壁球比赛场地分为单打和双打两种。单打场地的面积约为 50 平方米，双打场地则是单打的两倍。墙壁一般高 4~5 米，宽 6 米左右。场地分左右区，各区内标有发球区。壁球室有天花板，离地面很高，窗户开在墙的上部，墙壁是白色的，上面画有线条。人们可以透过球场的墙壁上部的窗户观看比赛情况。

三、壁球室员工岗位职责及任职资格

(一)壁球室领班

直接上级：康乐部经理。

直接下级：壁球室服务员。

岗位职责：

负责制订营业计划、员工岗位技能培训计划并实施考核；负责调配员工工作岗位、布置员工工作任务、巡视检查工作、奖惩员工、召开部门会议、处理投诉、维持场地的正常营业秩序、向客人说明有关规定等。

任职资格：

高中以上学历，受过专业培训；能够做好设施、设备的日常维护；具备用一门外语同客人进行简单交流的能力，客户关系良好；身体素质较好，能够较长时间地进行体育运动。

(二)壁球室服务员

直接上级：壁球室领班。

岗位职责：

负责接待服务工作；负责营业场地的卫生清洁保养工作；负责营业前的器材和其他物品准备工作；负责向客人推销酒水；注意观察客人的异常情况；发现问题应及时逐级汇报；及时处理场地发生的突发事件等。

任职资格：

高中以上学历；能够熟练为客人示范球类运动的比赛方法和技巧；讲解记分方法和游戏比赛规则；能够及时发现场地的设施设备异常情况，并采取相应的应对措施；具有较好的人际关系处理能力，善于处理与客人之间的关系等。

四、壁球比赛规则及计分方法

壁球比赛分为男子单打、女子单打、男子双打、女子双打、男女混合双打5种。比赛采用三战两胜或五战三胜的办法。计分方法分为英式和美式两种，英式是9分制，美式是15分制。壁球比赛只有获发球权的一方才能得分。发球时，发球者必须将一只脚置于发球区内，否则就算犯规，发出的球必须先击中正前方的墙壁，然后再弹向边墙，将球发至前墙发球红线以下并反弹至对方T形球区内才算有效，否则也算犯规。运动员在击球时，不得故意碰撞对手，更不能有意阻挡对方视线。发球权规则如下：

(1)第1局发球权用转拍方式决定，取得发球的一方得胜，该球才能算分，若失误，对手得胜不计分，只得发球权。

(2)发球区分左、右两边，当发球方第1次在左方发球区得胜后，须换至右方发球区发球，再得胜后换至左方发球区发球，直至连续取得9分，才算获1局胜利。

(3)若发球方失误，由对方取得发球权，可重新选择在左边或右边发球，发球得分后，

须换边发球，以此类推。谁取得第 1 局的胜利，谁就获得第 2 局的发球权。

（4）职业比赛规则：1 局 15 分制，不过不是采用抢发球权得分，只要得分就算获胜，到 14：14 平手时，可选择 1 分或 3 分定胜负，即先到 15 分或 17 分者获胜。

任务七　沙狐球项目

沙狐球在国外被称为"Shuffle Board"，意思是"在长板上滑动"。在该项运动开展短短的时间里，人们已深深感受到了这项运动的极大魅力、无限生命和勃勃生机。沙狐球的速度、力量、变化、竞争带来的妙趣横生、回味无穷的特殊感受，以及它老少皆宜的特性，决定了它潜在的生命力和流行发展的必然性。

一、沙狐球的起源

沙狐球，又称沙壶球，是从国外引进的竞技比赛和休闲娱乐项目。亮闪闪的金属制沙壶球、细密的合成球沙、光滑耐磨的长长滑道就是它的基本构成。沙弧球呈扁圆形，分为红色和蓝色，可在桌面滑动。沙壶球起源于 15 世纪的英国宫廷，它起初是贵族们玩的一种在桌上滑动银币的游戏。他们用的是一种相当大的英国硬币，这种游戏被称为推硬币。目前，沙壶球已发展成为全球的运动，在中国已成为继保龄球、台球后的一大热门运动项目。美国已有 100 多万张沙壶球桌，在加拿大也有大约 10 万张。

二、沙狐球的比赛规则

桌面上有细沙砾。在桌面的尽头有四个分值区，分别用画好的直线标志。四个分值区分值为 1～4 分。分数越高，距离发球端就越远。滑球时，球最后停在哪个区域，就得哪个分值。双方进行比赛时要尽量掷出高分球，在争取得高分的同时，还得设法将对手的球击落球道，使对方丢分。一轮结束时，推出最远球的一方才能得分，比赛就这样一轮一轮地进行，直到一方先达到或超过 15 分，这一局就定了乾坤。在沙壶球的桌面右上角有一个小地图。地图底色为黄色，上缀红色小颗粒。小颗粒代表桌面沙粒均匀度。沙粒均匀度直接导致球的走向。每局开始时，系统会在小地图上显示沙粒均匀度的比例。和扑克牌出牌规律类似，每局沙粒的均匀度都是随机的。这样，即使是高手也很难掌握其中的规律，这样，便增加了游戏的趣味性和偶然性。沙壶球的球道颜色类似于围棋棋盘的颜色，以明黄为主，桌上的小沙粒用红色表示。

沙狐球需要两人参与游戏。桌主决定开球方和双方球的颜色，然后开球手从球桌的一端向另一端推出他的第一枚球。随后的第二位球手推出他的第一枚球时，要设法将对手的球击落或超过对手的球。双方交替出球，直到 8 枚球全部被推出，一轮比赛结束。推出最远球的球手为本轮的胜方，并按台上显示分段记分，直到一方先达到或超过 15 分，游戏结束。

三、沙狐球室员工的岗位职责及任职资格

（一）沙狐球室领班

直接上级：康乐部经理。

直接下级：沙狐球室服务员。

岗位职责：

负责制订营业计划、员工岗位技能培训计划并实施考核；负责调配员工工作岗位、布置员工工作任务、巡视检查工作、奖惩员工、召开部门会议、处理投诉、维持场地的正常营业秩序、向客人说明有关规定等。

任职资格：

高中以上学历，受过专业培训；能够做好设施设备的日常维护；具备用一门外语同客人进行简单交流的能力，客户关系良好。

（二）沙狐球室服务员

直接上级：沙狐球室领班。

岗位职责：

负责接待服务工作；负责营业场地的卫生清洁保养工作；负责营业前的器材和其他物品准备工作；负责向客人推销酒水；注意观察客人的异常情况，发现问题应及时逐级汇报；及时处理场地发生的突发事件等。

任职资格：

高中以上学历；能够熟练为客人示范球类运动的比赛方法和技巧、讲解记分方法和游戏比赛规则；能够及时发现场地设施设备的异常情况，并采取相应的应对措施；具有较好的人际关系处理能力，善于处理与客人之间的关系等。

任务八 电子模拟高尔夫球项目

作为一种经典的休闲运动项目，高尔夫球将运动、自然风光、礼仪规范、服饰时尚等诸多因素集于一身，为人们的生活提供了一种别具一格的休闲方式。

一、电子模拟高尔夫球介绍

电子模拟高尔夫球运动是利用计算机情景模拟技术将室外真实的高尔夫球场模拟设计到一套软件系统中，并通过投影机投影展现在球手面前的（一个或三个）幕布上，同时通过传感器对球手击出的球的飞行数据进行采集分析，并实时将所击出球的实际飞行轨迹在投影幕布上显示出来的康体项目。软件是球员与模拟高尔夫之间的接口界面。球员主要是通过软件与计算机进行交流。软件是计算机系统设计的重要依据。为了方便球员，为了使计算机系

统具有较高的总体效用，在设计计算机系统时，必须全局考虑软件与模拟器的结合，以及球员的要求和软件的要求。因此，软件在模拟高尔夫的应用中占具非常重要的地位。

二、电子模拟高尔夫球室员工岗位职责及任职资格

（一）电子模拟高尔夫球球室领班

直接上级：康乐部经理。

直接下级：球室服务员。

岗位职责：

负责制订营业计划、员工岗位技能培训计划并实施考核；负责调配员工工作岗位、布置员工工作任务、巡视检查工作、奖惩员工、召开部门会议、处理投诉、维持场地的正常营业秩序、向客人说明有关规定等。

任职资格：

高中以上学历，受过专业培训；能够做好设施设备的日常维护。具备用一门外语同客人进行简单交流的能力，客户关系良好。

（二）电子模拟高尔夫球球室服务员

直接上级：球室领班。

岗位职责：

负责接待服务工作；负责营业场地的卫生清洁保养工作；负责营业前的器材和其他物品准备工作；负责向客人推销酒水；注意观察客人的异常情况；发现问题应及时逐级汇报；及时处理场地发生的突发事件等。

任职资格：

高中以上学历；能够熟练为客人示范球类运动的比赛方法和技巧、讲解记分方法和游戏比赛规则；能够及时发现场地设施设备的异常情况并采取相应的应对措施；具有较好的人际关系处理能力，善于处理与客人之间的关系等。

思考与练习

1. 健身房运动对于健身者所能达到的健身意义有哪些？
2. 健身房的健身器材主要是如何分类的？
3. 室内健身运动有哪些注意事项？
4. 室内游泳池的设计与布局应该注意哪些方面？
5. 请简要介绍台球设施、设备和其维护和保养的方法。
6. 作为一名网球场服务人员，简述网球接待的服务程序。

 **案例分析**

某饭店康乐部的值班经理接到一位顾客打来的投诉电话。顾客在电话中怒气冲冲地说：

"你们台球厅的服务员怎么回事？乱扣客人的钱！如果你们不给我好好解决这个问题，我要上法庭告你们去！"

"您好！我是值班经理。请您息怒，有什么问题我一定帮您解决。请问先生贵姓？"值班经理心平气和地答道。

"我姓王。我今天在你们台球厅打球，结账时服务员说缺了一个红色的球，扣了我20元钱。可是我根本没拿你们的球，凭什么要我赔偿！"

"王先生，您别着急，我马上就去了解情况。请您留下电话号码，过半个小时我给您答复，您看可以吗？"

征得顾客同意后，值班经理放下电话。

思考并回答：

1. 在案例中，服务员是出于对工作负责的原则来处理的，为什么还会让顾客发怒呢？

2. 如果你是值班经理，接下来你会怎么处理？

项目三　娱乐类项目的服务

 学习目标

　　了解娱乐类项目的定义、分类；掌握娱乐类项目的分类以及设施设备的使用；熟悉娱乐类项目的工作职责和任职资格。

 学习重点

1. 具备为娱乐类项目提供优质服务的能力。
2. 掌握娱乐类项目的服务程序。
3. 具备指导消费者正确从事娱乐类项目的能力。

 学习难点

1. 具备为娱乐类项目提供优质服务的能力。
2. 掌握娱乐类项目的服务程序。

　　娱乐项目从古至今一直是人们生活中不可缺少的消遣活动。歌舞、围棋、麻将、钓鱼、骑马、踏青等一直是深受广大老百姓喜爱的休闲娱乐活动。到了现代，娱乐项目因其门槛低、趣味性强、参与性强，以及能够给人们精神上带来愉悦感而成为广大人民群众喜爱的消费方式。娱乐项目是指借助一定的娱乐设施设备和服务，使顾客在参与中得到精神满足，得到快乐的游戏活动。娱乐项目包括棋牌类项目、歌舞类项目和其他娱乐项目等。

 任务一　棋牌类项目

　　棋牌游戏是人类传统的娱乐项目。棋牌活动的盛行，主要是因为其项目种类繁多、玩法多样、娱乐性强；棋牌类活动对参与者的体能要求很低，任何年龄段的人都可以参与。

一、棋牌类项目介绍

棋牌类活动时参与者通过使用棋或牌，遵从棋牌室游戏约定俗成的管理或有关棋牌权威机构颁布的竞赛规则，通过布局或组合的方式进行的一种智力对抗性游戏。棋牌活动是一项世界性的娱乐项目，东西方的人们都喜欢把玩牌、下棋当作是空闲时的一大乐趣。只要酒店设有康乐部，就肯定有棋牌室，棋牌室已经成为一个必备的康乐项目，首要原因就是棋牌活动的盛行。

二、棋牌游戏分类与介绍

棋牌类娱乐项目种类繁多，中式棋牌主要有围棋、麻将、中国象棋、四国军棋和纸牌。西式棋牌主要有桥牌和国际象棋等。

1. 围棋

围棋是一种智力游戏，起源于中国。中日韩是现今围棋的三大支柱，中国围棋规则是数子法，日本围棋规则和韩国围棋规则是数目法，中国台湾应氏围棋规则和智运围棋规则采用计点制度。一盘棋用 3 种规则计算出来的结果一般相同。

2. 麻将

麻将是一种 4 人骨牌博戏，流行于华人文化圈中。不同地区的游戏规则稍有不同。麻将的牌式主要有"饼""条""万"等。在古代，麻将大都是以骨面竹背做成，可以说麻将牌实际上是一种纸牌与骨牌的结合体。与其他骨牌形式相比，麻将玩法最为复杂有趣，它的基本打法简单，容易上手，但其中变化极多，搭配组合因人而异，因此成为中国历史上一种最吸引人的博戏形式。

3. 象棋

象棋，又称中国象棋，在中国有着悠久的历史，属于二人对抗性游戏的一种。由于用具简单、趣味性强，象棋成为流传极为广泛的棋艺活动。中国象棋是我国正式开展的 78 个体育运动项目之一。为促进该项目在世界范围内的普及和推广，现将"中国象棋"项目名称更改为"象棋"。此外，高材质的象棋也具有收藏价值，如以高档木材、玉石等为材料制作的象棋价值不菲。更有文人墨客为象棋谱写了诗篇，使象棋更具有一种文化色彩。

4. 纸牌

纸牌指扑克牌，扑克牌的造型、规格、张数由早期各国不一，如意大利为 22 张、德国为 32 张、西班牙为 40 张、法国为 52 张，发展到现在的 54 张扑克牌。54 张扑克牌是由 1392 年法国始创的 52 张扑克牌外加大、小王演变而来的。此后，各国扑克牌张数逐渐统一为现在的 54 张模式。

5. 桥牌

桥牌是用英文 Bridge（桥）的名字来称呼扑克牌的玩法，它是 2 对 2 的 4 人牌戏，是扑克的一种打法。桥牌作为一种高雅、文明、竞技性强的智力性游戏，以它特有的魅力而称雄于各类牌戏，风靡全球。目前，桥牌已经成为 2012 年夏季奥运会表演项目和 2007 年全国大学生运动会正式比赛项目。

三、棋牌室的设计与布局要求

一般来说，饭店投资建立棋牌室所需的花费相对较低，它可以根据自身的实际情况灵活地进行设计，完全体现饭店经营者的特色和风格。但在进行棋牌室装修布置时，要遵循几个原则，即棋牌室整体环境要安静，棋牌室要有空间感，棋牌室色调要和谐，棋牌室家具的配备要齐全，棋牌室的照明条件及空气条件要符合标准。

四、棋牌室员工的岗位职责及任职资格

（一）棋牌室领班

直接上级：康乐部经理。

直接下级：棋牌室服务员。

岗位职责：

负责制订部门营业计划、员工岗位技能培训计划并实施考核；负责调配员工工作岗位、布置员工工作任务、巡视检查工作、奖惩员工、召开部门会议、处理投诉、维持部门的正常营业秩序、向客人说明有关规定等。

任职资格：

高中以上学历，受过专业培训；能够做好设施设备的日常维护；具备用一门外语同客人进行简单交流的能力，客户关系良好。

（二）棋牌室服务员

直接上级：棋牌室领班。

岗位职责：

负责棋牌室的接待服务工作；负责营业场地的卫生清洁保养工作；负责营业前的物品准备工作；负责向客人推销酒水；注意观察客人的异常情况；发现问题应及时逐级汇报；及时处理棋牌室的突发事件等。

任职资格：

高中以上学历；能够熟练为客人讲解记分方法和游戏比赛规则；能够及时发现设施设备的异常情况，并采取相应的应对措施；具有较好的人际关系处理能力，善于处理与客人之间的关系等。

五、棋牌室的服务流程

（一）工作前准备

（1）上岗前做自我检查，做到仪容仪表端庄整洁，符合要求。

（2）清洁设施、设备及工作场所的卫生，保证符合酒店的卫生标准和要求。

（3）配齐棋牌室各种营业用品和客用出租用品。

（4）查阅交接班本，了解宾客预订情况及工作情况，并将所须送洗的布草送洗衣房。

（5）上岗时，站姿端正，精神饱满，符合要求。

（二）迎接客人

（1）面带微笑，主动招呼客人，并询问客人是否有预订。

（2）征询客人意见，并引领客人至活动场所，指点须换衣的更衣室和办理有关物品、更衣柜的租借手续。

（三）棋牌室服务

（1）客人办好活动手续后，应引领客人至指定房间入座，并送上小毛巾，为宾客准备好所需的棋或牌。

（2）根据客人的服务要求，正确提供客人所需的棋牌服务和饮料、茶水服务。客人在玩棋牌时，应退出房间，站在适当的位置，随时听候客人的吩咐。

（3）客人活动期间，服务员应每隔15分钟进房巡视一遍，根据客人需要添加饮料和茶水。

（4）客人活动结束后，应准确为客人结账，并收回客人租借的棋牌。

（四）送别客人

（1）礼貌向宾客道别并送客至门口，欢迎再次光临。

（2）迅速清洁、整理客人使用过的场地及设施设备，做好再次迎客的准备。棋牌室为24小时营业。

（五）棋牌室活动注意事项

（1）预约的客人及持会员卡的客人优先。

（2）客人须遵守治安管理部门的规定，禁止赌博行为。

（3）请客人勿自带饮料和食品。

（4）若由于客人的个人原因损坏了室内设备和器具，当事人应按价赔偿。

任务二 歌舞类项目

歌舞厅是集酒吧、歌厅、舞厅等项目于一体的综合性休闲场所。它通过环境和歌舞节目的渲染为宾客提供一个释放心灵、加强交流和沟通的地方。歌舞厅经营的内容、质量、风格及层次是衡量整个歌舞厅经营方向、理念和品位的一道浓墨重彩的风景线。参与歌舞类娱乐项目的客人，性格属于外向型的居多，这些人从心理学上讲具有热情、乐于社交、果断、活跃、冒险、乐观的性格特征。歌舞厅在经营时，应该灵活多变地将客源的风俗、信仰、喜好及特点有针对性、独特性地展现出来，并引导和提倡高品位的兴趣与爱好。

一、歌舞厅的种类

1. 迪斯科舞厅

和其他综合性舞厅相比，这种纯粹跳舞的舞厅非常强调舞场风格，聘请摇滚乐队领舞和现场表演，以鲜明的音乐风格吸引固定的消费群。

2. 交际舞厅

它是所有舞厅中历史最久、最具特色的舞厅。舞厅多采用开放式的舞池，灯光幽暗，舞步舒缓，各年龄层的消费者都有。

3. 卡拉 OK 舞厅

它是一种卡拉 OK 与舞厅相结合的经营形式，既能满足客人演唱卡拉 OK 的需要，又能让客人随着音乐起舞。最大特色在于墙壁上的大型投影屏幕可现场直播舞厅的实况，给人全新的视觉与听觉享受。

二、歌舞厅重点区域设计与布局

歌舞厅内外环境的营造有着很大的变迁性、多元性和流行性。随着时间的推移，人们审美意识和生活观念的变化，使得歌舞厅的装饰不断更新与变革。但无论怎样变化，都不能脱离功能和美感的统一、视觉和心理的统一、人文感和时代感的统一。设计布局包括歌舞厅正面、迎宾区、吧台、舞池、舞台、卡拉 OK 包间、洗手间、服务准备区等。

歌舞厅装饰布置是以视觉为主要内容、以经营方便为理念的室内环境艺术，在运用中需要掌握 3 个法则：

（1）合理地调查、组织和使用空间。如舞台与舞池的自然过渡，休闲区与娱乐区的相互渗入，不应浪费空间。

（2）合理地运用色彩的特性和规律，使宾客产生不同的情感，营造歌舞厅环境所需要的各种功能和气氛。

（3）合理地选择照明。在照度、光质和照明方式上配合歌舞厅不同区域功能的需求，为歌舞厅的使用功能和环境气氛注入生机。

三、歌舞厅的经营特点

（一）歌舞厅的经营管理要具有灵活性

歌舞厅是提供综合性娱乐的场所，经营管理要有灵活性，要根据客人的需求灵活变换经营方式。如在周末和节假日生意较兴隆的时候，安排较好的节目，并配备较多的服务员。由于歌舞厅中既有餐饮服务又有娱乐服务，在经营管理上，一方面要随时掌握客流量，根据客流量备餐和配备服务人员；另一方面要灵活调整舞台文艺节目。

（二）歌舞厅的服务要有组织、可控制

客人参与娱乐活动，自然是为了满足其某些需要的。表演性娱乐项目主要是给客人感官上和心理上的满足，因此在服务中应做好全场的组织和控制工作。具体而言，要做好以下几方面的工作：

1. 提供良好的环境

从设备的角度来说，环境优美，室内装饰华丽，讲究舒适，根据节目的要求布置演出舞台的音响、灯光、扩音器、照明设备，使室内清洁、整齐、舒适，气氛和谐。

2. 组织好节目

管理人员事先应同演出团体签好协议，认真选择并审查节目，做好组织工作，确定节目

单，以保证演出有条不紊地进行，使客人能够始终保持良好的情绪。

3. 热情提供现场服务

客人到来后，服务人员要热情接待，引领客人到适当的座位。客人欣赏音乐和歌舞时，要做好小吃和饮料的服务工作。要细心观察客人动态，及时询问要求并递上客人需要的节目单，做好销售服务，满足客人受尊重的心理需求。

4. 做好告别服务

节目结束时，演出人员要站在舞台上向客人告别，表示谢意。营业时间结束后，全体服务人员要站在门口欢送客人，并欢迎再次光临。对中途进场或退场的客人，也要做好迎送服务，给客人留下美好的回忆。

（三）歌舞厅的经营开发要注意风险性

歌舞厅的经营活动很容易受客人消费需求变化的影响。最早的歌舞厅内只能表演交谊舞，后来随着迪斯科的兴起，许多歌舞厅开始在交谊舞中穿插迪斯科舞曲，使交谊舞厅成为综合舞厅。之后出现了专门的迪斯科舞厅，再后来又出现了冰上迪斯科舞厅。客人对歌舞厅的需求变化之快有时候让经营者难以适应。在歌舞厅热尚未减退之时，上海、北京、深圳等地出现了专门的迪厅，在短短的一年时间中，全国迪厅的数量剧增。然而，未等这些迪厅的经营者们从火爆经营的兴奋中清醒过来，迪厅热又明显降温，可见康乐歌舞厅的经营开发具有一定的风险性。

四、歌舞厅员工的岗位职责及任职资格

（一）歌舞厅领班

直接上级：康乐部经理。

直接下级：歌舞厅服务员。

岗位职责：

负责制订部门营业计划、员工岗位技能培训计划并实施考核；负责调配员工工作岗位、布置员工工作任务、巡视检查工作、奖惩员工、召开部门会议、处理投诉、维持部门的正常营业秩序、向客人说明有关规定等。

任职资格：

高中以上学历，受过专业培训；能够做好设施设备的日常维护；具备用一门外语同客人进行简单交流的能力，客户关系良好。

（二）歌舞厅服务员

直接上级：歌舞厅领班。

岗位职责：

（1）熟悉本厅设施设备及项目特点。负责本厅客人各类活动的接待工作，向客人提供优质服务。

（2）热情、主动、有礼貌地接待来客，引导、安排客人入座。善于运用语言技巧为宾客提供服务，解决客人提出的要求和疑难问题。

（3）负责多功能厅的卫生清洁。在领班的安排下，每日清洁设施、设备卫生，保持环境清洁、空气新鲜，并符合质量标准。

（4）负责维护设施、设备及用料物品。若设备有损坏，应及时报告维修。

（5）遵守酒店和康乐部的规章制度，按时上下班，做好交接班工作等。

任职资格：

（1）高中以上学历，熟悉本岗位业务和服务规范。

（2）懂得服务礼仪，知晓急救、消防、安保知识。

（3）能够按康乐部的工作规范和质量标准独立完成各项工作。

（4）具有较好的语言表达能力。

五、歌舞厅的服务流程

（一）岗前准备工作

（1）上岗前作自我检查，做到仪容仪表端庄、整洁，符合要求。

（2）开窗或打开换气扇通风，清洁舞厅内环境及设备。

（3）检查并消毒饮具、餐具、酒吧器具和其他客用品，发现破损，须及时更新。

（4）补齐各类营业用品和服务用品，整理好营业所须的桌椅。

（5）查阅值班日志，了解客人预订情况和其他需要继续完成的工作。

（6）再次检查服务工作准备情况，处于规定工作位置，做好迎客准备。

（二）迎宾工作

（1）领位员面带微笑，主动问候客人，并询问客人是否有预订。如有预订，将客人引领至预订位置；如无预订，将客人引领至客人选择的位置。

（2）如客人需要脱衣摘帽，领位员要主动为客服务，并将衣帽送至衣帽间。

（3）领位员将客人引领到合适位置，并按主宾主客的顺序为客人拉椅让座。

（三）歌舞厅的服务

（1）客人入座后，应点燃桌上蜡烛，送上面巾、歌单和酒水单，请客人点用，并适时向客人介绍和推荐。

（2）在客人点用时，服务员应立于客人右后侧，身体微向前倾，仔细倾听，并准确记录在酒水单和点歌单上，待客人点完后服务员应主动复述一遍，以确认无误。

（3）服务员收回酒水单和点歌单，并在其上面记下台号、时间和人数，将单据送至调音室和吧台。

（4）服务员上酒水、果点时应用托盘，并报出酒水、果点名称。

（5）服务员在客人娱乐时应注意观察舞厅四周和客人活动情况，注意桌台，发现客人酒水将用完时，主动询问客人是否添加酒水，发现烟缸内有两个以上烟蒂时，要立即更换。

（6）坚持站立式服务，如客人增加消费，要随时送上点用单并做好记录。

（7）当客人示意结账时，服务员要主动上前将账单递给客人。

（8）如客人要求挂账，服务员要请客人出示房卡并与前台收银处联系，待确认后，要请客人签字并认真核对客人笔迹，如未获前台收银处同意或认定笔迹不一致，则请客人以现金结付。

（9）客人离别时，主动提醒客人不要忘记随身物品，并帮助客人穿戴好衣帽。

（四）送别客人

（1）服务员将客人送至门口，并与领位员一起向客人道别。

（2）迅速清洁桌面，整理好桌椅，准备迎接下一批客人的到来。

此外，饭店康乐部还包括其他娱乐项目，如游艺类项目，即电子游戏。它是在现代化的电子游戏设备上由人控制的、运用智力与反应能力达到阶段目标的游戏活动，是近年来颇受欢迎的娱乐项目。其设施、设备占地面积小、趣味性强、投资少、周期短、经济效益高，常与康乐服务的其他项目相结合形成独特的卖点。

思考与练习

1. 简述歌舞厅的经营特点。
2. 简述歌舞厅员工岗位的分类。
3. 简单总结一下歌舞厅的服务程序。

案例分析

某饭店的歌舞厅独具特色，长期以来一直吸引着众多顾客，不仅提高了饭店的出租率，还使饭店效益一直保持在良好的状态。该饭店在经营思想上敢于突破，善于利用特色娱乐来吸引顾客，以娱乐促销来扩大客源。康乐部上下员工团结一致，结合饭店档次、类型、市场群体等特点，不断推出既反映时代特色又体现流行趋势的具有民族和地方特色的各类娱乐活动，在社会上引起了相当大的反响，提高了饭店的知名度，取得了较好的经济效益和社会效益。饭店在设计歌舞厅娱乐节目时，经市场调研后推出具有内容轻快、服务热情、富有时代气息的娱乐节目。此外，康乐部娱乐项目设计还强调以宾客参与为主，使得娱乐形式多样、内容丰富，顾客在获得娱乐满足的同时，也得到了身心的放松，这些活动也为饭店带来了可观的经济效益。

思考并回答：

1. 康乐部是如何在饭店经营中发挥作用、办出特色的？
2. 康乐部应如何做好日常娱乐项目管理工作？

项目四　保健类项目的服务

 学习目标

　　了解保健类项目的定义、分类；掌握保健类项目的分类以及设施设备的使用；熟悉保健类项目的工作职责和任职资格。

 学习重点

1. 具备为保健类项目提供优质服务的能力。
2. 掌握保健类项目的服务程序。
3. 具备指导消费者正确从事保健类项目的能力。

 学习难点

1. 具备为保健类项目提供优质服务的能力。
2. 掌握保健类项目的服务程序。

　　旅游涉外饭店在为前来消费的客人提供保健类康乐活动时，由于受经营空间的影响，在经营过程中更侧重于休闲保健。休闲保健项目是通过服务员提供相应的设施设备或服务作用于人体，使顾客达到放松肌肉、促进循环、消除疲劳、恢复体力、养护皮肤、改善容颜等目的的活动项目。休闲保健的经营项目包括我国老百姓所信服的传统保健按摩、刮痧、足疗、经络排毒等，也有传统保健与西方保健结合后涌现出的水疗、美容美体、茶疗等内容。保健类项目包括按摩项目、水疗项目和美容美发项目。

任务一　按摩项目

　　按摩作为被动参与型保健项目，从诞生至今始终受到人们的喜爱。按摩是人类正常生理需求的必然产物。人们在身体某些部位有所不适时，就会自然而然地用手掌和手指直接揉、压、捏，以此来减轻症状，达到止痛、祛乏的作用。

按摩又称推拿，在东方的许多地方，按摩被当作一种医疗手段。随着医学科技的进步和西医的迅速发展，按摩渐渐变成了一种辅助治疗和保健的手段。在人们工作之余，去按摩院享受专业的按摩服务，不但可以预防疾病的产生，而且还可以消除疲劳、放松身心，使之成为一种享乐活动。

一、按摩项目介绍

自从按摩的动机由医疗需求转为保健需求后，按摩也就自然而然地成为康乐的一部分而被大众所接受和认可了。保健按摩的种类丰富、方法多样，可以提高机体的免疫功能，加快新陈代谢，改善肌肉的弹性，振奋精神，消除疲劳。

二、按摩的分类

按摩的分类方法多种多样。分类方法不同，按摩的方式也不同。按国家或地区，可分为中式按摩、泰式按摩等；按按摩部位，可分为足底按摩、头部穴位按摩等；按按摩手法，可分为指压按摩、推油按摩等；按按摩的目的，可分为医疗按摩和保健按摩；按使用的设施，可分为手工按摩和器械按摩。在酒店康乐部经营中具有代表性的是保健按摩。

（一）按国家或地区分类

1. 中式按摩

突出中医上的保健功能，是依据中医学中人体穴位的原理创造的一种按摩方式。中医学认为，人体从头到脚密布着许多穴位，这些穴位都与人体各内脏器官有着对应的关系，也联系着人的各路神经，对这些穴位的刺激可以有效地促使相应部位的病症好转，并在止痛、消除疲劳方面有独特的作用。中式按摩就是针对穴位，对身体各部位运用按摩、按压、叩击、推拿、指压、揪拉、抖动等手法刺激有效穴位，使按摩的作用深达肌肉、筋骨。其动作慢且深沉，不仅有益于放松肌肉，而且有助于静脉回流，增加血红蛋白含量，促进淋巴液循环，加强关节的组织；在精神方面也能消除紧张和焦虑，从总体上达到治病健身的目的。

2. 泰式按摩

泰式按摩发源于古印度的西部，是各种按摩中最激烈的一种按摩方式。按摩时无须使用按摩油，按摩师从脚趾开始向上按摩至头顶结束，其中背部、腰部和关节是按摩的重点。按摩师利用两手、两臂、两脚及全身重量滚压、伸展、拉抻体验者的身体，刺激肌肉和结缔组织。浴后经泰式保健按摩，可以使人快速消除疲劳、恢复体能，还可增强关节韧带的弹性和活力，恢复正常的关节活动功能，达到促进体液循环、防病、健体的功效。泰式按摩以细致而著称，主要是采用指压的方式从脚底开始按照经脉的走向一点点按摩。从技术角度讲，泰式按摩含有医疗性质，按摩师必须经过专门的培训和练习，他们不仅懂得穴位、经脉理论，还必须用力得当，手法规范准确。

3. 日式按摩

以中医推拿为基本的手法，是点道手法的具体应用，主要作用点就是人体的动脉血管，通过人体动脉血管的三玄性空间运动规律，对人体的经脉进行最有效的调节，所以日式按摩是最简单的，但却是寓意深刻的保健按摩方法。日式按摩可使皮肤下毛细血管扩张，增加皮肤弹性，促进肌肉收缩和伸展，改善人体机能，加速淋巴流动，提高人体免疫力。

4. 韩式按摩

从韩国家庭按摩中演变而成，也被美容界称为韩式松骨。除了松骨这一大显著特征外，推油和热敷也是韩式按摩手法中的经典动作。按摩师通常的步骤是顺着肩胛骨、脊椎、胯骨的骨缝，用扳的手法进行按摩的第一步，即松骨。放松四肢后再用麦饭石或热水袋热敷皮肤，放置在肩关节和易受伤寒的脊椎骨处，大约 10 分钟，毛孔张开后，按摩师将按摩油倒入手心搓热，进行背部和四肢的推油。洗脸、洗头、采耳都是韩式按摩的步骤。一整套按摩后，体验者会倍感精力充沛，身体由内而外的透着舒畅。

5. 港式按摩

港式按摩是在我国南部沿海地区洗浴中搓背和搓耳的基础上，吸取西方的推油手法，并结合我国独有的踩跷疗法，创造出的一种独特的保健按摩手法。港式按摩是在中式按摩的基础上演化而成。它比中式按摩更讲究舒适感，在手法上多了一个滚揉和踩背，少了点按穴位。按摩师的手法简单实用，比其他按摩方式轻柔许多，多用于沐浴后进行身体和心灵的放松。

6. 欧式按摩

欧式按摩源于古希腊和古罗马，按摩手法轻柔，以推、按、触摸为主，搭配使用多种芳香油，沿肌纤维走行方向、淋巴走行方向、血管走行方向进行按摩，给人轻松、自然、舒适的感觉。欧式按摩能使肌纤维被动活动，促进肌肉营养代谢，放松被牵拉的肌肉，同时提高肌肉耐受力。很多运动员都利用欧式按摩在赛前减少肌肉紧张，在赛后缓解肌肉酸痛。

（二）按按摩部位分类

1. 足底按摩

约在四千年前，足底按摩起源于中国，是属于中国古代传统医学的一部分，和同样是传统医学的针灸属于相同原理的治疗方法。虽然足底按摩起源于中国，但是却没有在中国普遍流传，这是因为中国历史上的改朝换代、天灾人祸不断，使得从黄帝时代就发明的足底按摩这份文化遗产几乎消失殆尽。

足底按摩也称足部反射区按摩，根据反射学的原理和生物全息律的理论，人体各部的器官都能在脚底找到一个固定的反射区，按摩这些存在于脚底的反射区，便可以调整相对应器官的功能，促进血液循环，调节内分泌，达到保持健康、治疗疾病的效果。脚底按摩前先要进行"足浴"，足浴水温宜在 40℃ ~45℃，水要把脚跟全部淹没，一般浸泡 5 ~10 分钟后，再用双手在趾腹、趾根及脚心处揉搓、挤捏、推钻、按压。

2. 头部穴位按摩

中医认为"头为诸阳之会"，坚持头部按摩，可使任督脉气血经络通畅，起到清脑提神、健身强体的效果。头部按摩，可以活跃大脑的血液循环，增加大脑的供血量，促进神经系统的兴奋，从而起到健脑作用。

3. 淋巴引流按摩

淋巴系统在人体中扮演着极其重要的角色，它们遍布在全身每一个部分。淋巴引流按摩便是运用对皮肤内淋巴管的施压来促进淋巴液循环的方法，使淋巴液从肌肉中排出，排出的淋巴液（其中包含有毒素）经淋巴结进入血液，由肾脏过滤并将过滤后的废物排出体外，从而改善皮肤弹力及肤色，增强免疫系统功能，促进细胞活化，并能有效消除浮肿，改善腰酸背痛等症状。

（三）按按摩手法分类

按摩的手法是指运用指、掌、腕、肘或肢体等部位，也可以借助器械以帮助人体解除疲劳的技艺、技巧，其范围包括头、颈、肩、背、腰、脚等处。按摩方法很多，名称也不尽相同。

1. 拇指压法

拇指压法是用双手拇指的指腹用力作用于人体的手法，它要求双手拇指重叠，拇指和食指呈直角，用重叠的拇指在穴道上加压按摩。一般而言，拇指压法适用于全身穴道，与中医按摩的点穴手法相似。但中医按摩是指端垂直于肤面；而拇指压法则注重指腹用力。

2. 三指压法

三指压法即是将食指、中指、无名指并拢，在穴道上加压按摩。肩、腹、腰酸痛时常使用该法。

3. 掌压法

掌压法是以单掌或双掌重叠的加压法，用来按压脊椎骨和四肢等坚厚部位。

4. 踩背法

踩背法是按摩者用双脚按摩，用单脚或双脚用力踩踏于被按摩者身体的一种方法。按摩者以双脚脚趾、脚掌、脚跟，用点压、搓擦、滑行、抖动、踢打等动作施加于被按摩者，并与牵拉吊杠相配合，使按摩者的重心不断地移动，来调整脚部下压的力度。踩背法力度强劲，技巧性强，要求技术熟练，轻巧如燕而又力度深厚，做到"重而不涩"。此法适用于肌肉发达、体格健壮、耐受力强的人，或在局部疼痛、手法力度不够的情况下施用；禁用于年龄偏大、体质虚弱、脊椎骨质病变者及心脑疾病与高血压患者。

5. 推油法

推油法是在指压按摩或踩背后，或单独应用的一种滑润肌肤，促进血液循环的方法。此套手法对治疗风寒感冒、腰背寒凉及增强人体体质都有良好的效果。涂抹橄榄油、婴儿油或薄荷膏等有益皮肤的膏剂，按摩后配以热毛巾作热敷效果更佳。

四、器械按摩介绍

近年来，随着科技的进步，各种电脑控制的按摩器也纷纷出现。按摩器械是运用中医按摩原理来运作，在机械震动作用下，通过经络、气血、神经的传导和反射，使人达到平衡阴阳、疏通气血、解除肌肉僵硬酸痛的目的，对人们健康有一定的预防和治疗保健作用。器械按摩是按摩的进一步发展，按摩机器种类繁多，包括身体机能调理运动器、电动按摩椅、热能震荡按摩器及水疗按摩床等。

1. 身体机能调理运动器

这种运动器是一张铺有软垫的床，而床的某些部位可以向高低、左右或上下摆动，可以对身体各部位，如脚部、大腿、臀部及全身肌肉进行按摩，使人全身放松。

2. 电动按摩椅

电动按摩椅的外观与一般皮椅十分相似，只是在椅面内装了各种电动装置，可以对人体的各部位进行推、捏、溜、转等各种动作的按摩。这种按摩椅还可以用电脑设定按摩程序，并可在液晶显示屏上指示操作部位。

3. 热能震荡按摩器

热能震荡按摩器是一种比较先进的电动按摩器械，是将按摩与桑拿相结合的一种按摩方法。这种设备不仅可以按摩，还可以发热、散发蒸汽和香味，使客人在按摩的同时，享受桑拿或局部受热，以得到背部肌肉的镇痛治疗。温度和时间的控制也都可以在控制板上调节。热能治疗法由25℃开始慢慢提升到70℃左右，人的身体和皮肤较容易适应。特别是器械上附带的音乐播放器和电波眼镜的享乐式设计受到了许多消费者的欢迎。

4. 水疗按摩床

水疗按摩床通过水循环进行加热，经由高度弹性矽胶床面，将顾客与水力按摩分隔。使用者不须宽衣即可享受各部位舒适的干式水疗护理。使用了结合水疗、热疗、按摩功能的水疗按摩床后，神经、静脉、动脉及各毛细管能达到最佳的维系状态，可降低紧张、肌肉酸痛、关节僵硬、疼痛和减重瘦身等，有效舒缓各种慢性疼痛、肿胀与压力，同时修饰体态曲线。

五、按摩中的安全事项

由于按摩会对人体产生一定的影响，因此，在下列情况下不宜进行按摩：

（1）高血压、皮肤病、严重心脏病等患者，不宜作保健按摩。

（2）酒后神志不清及精神病患者，不宜作保健按摩。

（3）对于年龄过大的客人，不宜采用过重的手法。

（4）在按摩过程中，如果遇到客人突然出现身体不适现象，应立即停止按摩。

六、按摩室员工的岗位职责及任职资格

（一）按摩室领班

直接上级：康乐部经理。

直接下级：按摩室服务员。

岗位职责：

负责制订部门营业计划、员工岗位技能培训计划并实施考核；负责调配员工工作岗位、布置员工工作任务、巡视检查工作、奖惩员工、召开部门会议、处理投诉、维持部门的正常营业秩序、向客人说明有关规定等。

任职资格：

高中以上学历，受过专业培训；能够做好设施设备日常维护；具备用一门外语同客人进行简单交流的能力，客户关系良好。

（二）按摩室服务员

直接上级：按摩室领班。

岗位职责：

负责按摩室的接待服务工作；负责营业场地的卫生清洁保养工作；负责营业前的物品准备工作；注意观察客人的异常情况；发现问题应及时逐级汇报；及时处理按摩室的突发事件等。

任职资格：

高中以上学历；能够及时发现异常情况并采取相应的应对措施；具有较好的人际关系处理能力，善于处理与客人之间的关系等。

七、按摩室员工的服务流程

1. 岗前准备工作

（1）上岗前作自我检查，做到仪容仪表端庄、整洁，符合要求。

（2）开窗或打开换气扇通风，清洁室内环境及设备，整理按摩床，将所需用品放入指定位置，配齐各类营业用品，做好营业前各种准备。

（3）检查并消毒酒吧器具和其他客用品，发现破损及时更新。

（4）补齐各类营业用品和服务用品，整理好营业所须的桌椅。

（5）查阅值班日志，了解客人预订情况和其他需要继续完成的工作。

（6）再次检查服务工作准备情况，处于规定工作位置，做好迎客准备。

2. 迎宾工作

服务员面带微笑，主动问候客人，并将服务项目表递给客人，征求客人意见，待客人确定服务项目后，将客人引领到更衣室。

3. 室内服务

（1）客人更衣后将客人引领至准备好的按摩床，并协助客人躺下，为其盖好毛巾。

（2）按摩师先洗净双手，打开计时钟，将按摩油（膏）均匀涂于双手及被按摩者体位上。

（3）操作前，按摩师应先主动征询客人意见及需用何种手法等，如客人无任何要求，按摩师则按照操作程序开始工作，按摩时根据客人不同的体位采用不同的手法。

（4）按摩师在按摩过程中应随时征求客人意见，了解客人感受，使用力度要合适，压力要均匀，姿势要正确，力求使客人满意。

（5）按摩完毕，按摩师应用毛巾抹去客人身上的按摩油（膏），并按下计时钟，告知客人按摩时间，同时递上热毛巾供客人使用，做好客人更衣前的各项服务工作。

（6）当客人示意结账时，服务员要主动上前将账单递给客人。

（7）如客人要求挂账，服务员要请客人出示房卡并与前台收银处联系，待确认后要请客人签字并认真核对客人笔迹，如未获前台收银处同意或认定笔迹不一致，则请客人以现金结付。

（8）客人离别时主动提醒客人不要忘记随身物品，并帮助客人穿戴好衣帽。

4. 送别客人

（1）服务员将客人送至门口，向客人道别。

（2）服务员应及时冲刷和消毒按摩室，更换使用过的布件，准备迎接下一批客人的到来。

八、按摩室员工的服务标准

（一）预订服务

按摩室设服务台，配预约电话。接受客人预订时要主动、热情。对电话预订，必须在电话铃响三声内接听。预订信息要记录准确，记录客人姓名、电话、按摩项目、服务时间、指定的按摩员等，复述清楚，取得确认。如客人第一次接触按摩服务，可主动向客人介绍按摩种类、特点，耐心、细致地帮客人选择按摩项目。及时通知有关人员做好准备，使客人有方便感。

（二）准备工作

备好服务台卫生专用品、按摩用品，做好按摩室及按摩设施的清洁卫生。检查按摩室设施设备，保持各种设施设备完好。注意自己的仪容仪表，每日上班时身着整洁的工作服，精神饱满地准备迎接客人。

（三）对客服务

热情、礼貌地向客人问好，对常客、回头客能够称呼姓名或头衔。观察客人，如是酒后神志不清、精神不正常、年老体弱、极度衰弱之人或孕妇，原则上不宜按摩。把客人带入按摩室，一边为客人提供整洁、干净的专用按摩衣和经过消毒的拖鞋，一边热情、礼貌、耐心地询问客人需要按摩的项目、部位。按摩师在每日操作前一定要修剪指甲，不戴戒指、手链、手表、脚链等硬物，以免划破客人的皮肤，同时洗手防止交叉感染。让客人摆好正确的体位，放松肌肉，同时保持呼吸畅通。在按摩过程中，每一个按摩项目均按损伤程度和技术要求进行，并根据客人身体的状况来适当调整力度。观察客人的反应和面部表情，及时调整手势，做到时间够、按摩部位（穴位）准确、力度适当，以客人感到局部稍微有酸、麻、胀、痛感为佳。如果最后用踩背法，踩完后应嘱咐客人在床上稍稍休息几分钟再起床，以防马上起床后产生头晕、血压升高等现象。按摩结束后，征求客人意见，或者让客人填写"宾客意见书"，向客人致谢，欢迎再次光临。最后，整理物品，准备迎接下一位客人。

任务二 水疗项目

桑拿浴作为被动参与型保健项目，从诞生至今始终受到人们的喜爱。桑拿浴通过蒸汽浴使人大量出汗，有极好的减肥功效，并且反差强烈的冷热刺激可促进全身皮肤的深呼吸，加速和促进新陈代谢和血液循环，使体内的无用、有害物质随着皮肤的呼吸而排出体外，从而起到清除体内垃圾、保健身心的作用，对美容、美肤、防治风湿病和皮肤病有一定的作用。

一、桑拿浴的形式

桑拿浴是一种特殊的洗澡方法，是指在封闭房间内用蒸汽对人体进行理疗的过程，兼有清洁皮肤和治疗疾病两种作用。它通过接连几次的冷热交替可缓解疼痛、松弛关节。对皮肤来说，由于蒸汽浴过程中皮肤血管明显扩张，大量出汗，血液循环得到改善，汗液排泄有助于体内废物的排出，使皮肤里各种组织获得更多营养，对许多皮肤病诸如鱼鳞病、银屑病、皮肤瘙痒症等都有不同程度的治疗作用。

广义的桑拿浴有干蒸和湿蒸两种洗浴方式，干桑拿浴由芬兰传入中国，因而称为芬兰浴；湿桑拿浴则由土耳其传入中国，因而也称为土耳其浴。

1. 干蒸

干蒸是狭义的桑拿浴，又称芬兰浴，即在一个面积不大的特制木结构房间，房间的四周有两层躺板，中间是一个通电加热矿石炉，旁边配有冷水桶。客人享受时，将冷水泼在烧红的矿石上，就会产生一种清淡的矿物质香味，这种香味对人体有益。其整个沐浴过程是将室内温度升高至85℃左右，使沐浴者犹如置身于骄阳之下或沙漠中一样，体内的水分被大量蒸发，以达到排毒的目的。

2. 湿蒸

湿蒸是一种蒸汽浴，又称土耳其浴，是利用浴室内的高温，使人大汗淋漓，再用温水或冷水淋浴全身，达到清除污垢、舒活筋骨、消除疲劳的目的。在正宗的土耳其浴室内，专门有一批称之为"坦拉克"的按摩师，通过按摩师的按摩，沐浴者全身皮肤微红、血脉流畅，使沐浴者顿觉浑身轻松、舒适无比。

3. 韩式汗蒸

汗蒸房起源于韩国，从古老的黄泥汗蒸演变成如今的高科技、高效能、多用途的新一代细胞浴。它是在传统汗蒸房的基础上，采用优质电气石，运用高科技，使室温控制在38℃~43℃。通过加温和保温，电气石的能量可以快速、强烈地以远红外、负离子、微电流及微量元素的形式释放出来，它们共同构成的能量场可间接地通过空气向人体提供能量，使人体细胞由休眠状态转化为运动状态，加快人体的血液循环及新陈代谢，排出体内毒素，平衡人体酸碱度，补充新的营养物质，从而起到保健和治疗的作用。

4. 光波浴

光波浴，又称红外线桑拿浴，是继传统的桑拿浴之后，出现的一种新的洗浴方式。光波浴是利用红外线发生器发出的红外光照射人体，与人体内的红外线发生共振而产生内热的原理，从而使人体在40℃的环境温度下大量出汗，使之与"干桑拿"有相同的效果。光波浴是在一个木质的小浴房内进行，浴房重量轻、安装简单、移动方便，但对浴房的木材质量要求很高，其独特的板块结构设计能保持光波辐射面最大。光波浴房的核心设备由5个红外辐射元件组成，严格遵循中医学的经络原理分布在浴房内，以求对人体进行全方位的辐照，其主要施治部位在人的腹部、胸部、背部及四肢，起到调节阴阳、舒经活络之功效。光波浴与传统桑拿浴的区别在于：浴者不必置身于高温、高湿的环境中，因此，不会产生胸闷、心慌、头晕等感觉。

5. 药浴

药浴是桑拿浴与古老中国式洗浴的结合。药浴是根据中医理论，依据某些中药，如丹参、当归、首乌、石菖蒲等的药用价值和不同功效，按一定的比例加以精选、煎熬，并配制成浓缩液，在有效期内投放一定比例于温水中，客人可根据自身的身体状况、偏好来选择的一种洗浴方式。由于在进行完桑拿浴后，人的表皮毛细血管扩张，促进了血液循环，因而更有利于吸收药剂成分，能比传统沐浴更好地达到客人预期的功效。

6. 蒸汽浴

它是 20 世纪末最盛行的一种护理方法，在世界各地都有不同形式和不同名称的蒸汽浴方法，其共同特点就是以水为加热对象，在高温下形成水蒸气而对皮肤进行清洁、护理的一种方法。由于地理位置、人文环境的不同，蒸汽浴方法也各式各样，如中国古代有传统的中草药熏蒸治疗疾病的方法。

7. 再生浴

由于桑拿浴和蒸汽浴都是高温洗浴方式，客人难以长期坚持，不能达到理想的健身效果，后来出现了浴室温度和湿度介于两者之间的再生浴。它的主要设备再生浴房是由松木条拼装而成的，再配有浴炉和温、湿度控制器等。

8. 冲浪浴

它是在特殊设计的水力按摩浴缸、按摩池中进行洗浴的方式。

二、SPA 水疗介绍

SPA 一词源于拉丁文，是"健康之水"的意思，指用水来达到健康的目的。它是充分利用水的物理特性、温度及冲击，来达到保养、健身的一种保健方式。在 SPA 过程中，使用晶体石膏灯可以有效增加负离子并创造出自然平衡的离子环境，让空气保持清新流通，并使人有更宁静的感觉。现代 SPA 的关键是水资源和水设备，常见的有桶浴、湿蒸、干蒸、淋浴及水力按摩浴等，也常常用矿物质、海底泥、花草萃取物、植物精油等来改善水质作用于人体，具有美容美颜、放松身体、舒缓身心、健康皮肤、治疗疾病等功效。

SPA 有不同的主题诉求，有的偏重放松、舒缓、排毒，有的以健美瘦身为重点，还有的重在芳香精油、海洋活水或纯草本疗法等。但无论是哪种类型的 SPA，都不脱离满足客人听觉（疗效音乐）、嗅觉（天然花草薰香）、视觉（自然景观）、味觉（健康餐饮）、触觉（按摩呵护）和感觉（内心放松）六种愉悦感官的基本需求。SPA 的愉悦身心，为内心囤积的压力、疲惫、惶惑找到一个出口，令人的身、心、灵达到和谐与平衡。

三、桑拿室设计的依据

桑拿室设计的依据主要是康乐企业的经营形式和为客人提供的服务项目。

（一）经营形式

桑拿浴的经营形式不同，其功能的重要性方面就会有所不同，在设计时应强调主要项目。洗浴作为一种辅助项目，用来突出休闲功能的完整性。

（1）休闲式桑拿浴，即桑拿与游泳池、按摩等现代休闲手段结合在一起。

（2）洗浴式桑拿，即桑拿与池浴、淋浴、擦背、修脚等服务项目结合在一起。主要功能就是洗浴，要求在洗浴项目上有特色，如有条件，可突出温泉的特色。

（3）现代健身式桑拿，即桑拿与健身、减肥运动、韵律操、按摩等结合一起。

（二）服务项目

为满足客人的需要，桑拿浴经营需要为客人提供各种服务项目，每一个服务项目都要设计出相应的服务区域。

（1）更衣换鞋服务，即为客人擦皮鞋、接收并保管客人衣服等。

（2）洗浴用品服务，即为客人备齐一次性洗发液、浴液、毛巾、内裤等。

（3）洗浴指导服务，即提醒客人蒸浴标准时段，向客人介绍标准、科学的蒸浴方法。

（4）搓澡服务。

（5）理疗药浴服务。

（6）推拿按摩服务。

（7）休息室服务。客人更衣后进入休息室，为客人提供饮料、送上报纸或播放音乐及电视服务。

（8）结账服务。

四、桑拿室的各功能分区及布局

桑拿浴室内各功能区域的布置必须保证服务周期和客人消费流程合理、顺畅，客流线设置必须考虑经营区域的功能划分。职员的人流线则应与顾客客流线分开，避免过多交叉，影响客人消费。

（一）接待厅

接待厅体现着康乐企业的整体形象，应该在装饰设计上主题鲜明，并具有艺术感染力。接待厅除了接待和结账用的柜台外，还应设沙发和茶几，以供客人等待或小憩之用。接待厅通常占场地的8%～10%，是装修的重点。

（二）更衣室

更衣室的主要设备是衣柜，一些高级场所有条件的可以将更衣室分隔成多个独立的小更衣房。更衣室内的主要设备是贮衣柜，其数量应与设计标准，即接待能力相适应。

（三）洗浴区

洗浴区通常设于一楼（如果设在其他楼层，则必须考虑承重能力），一般包括桑拿房、按摩池、蒸汽房、淋浴房。池区设计要求主题明确、突出，线条明快、简洁，空间高，光线明亮，空气交换量大。

1. 桑拿房

设分隔式的干、湿桑拿房，数量视场地面积和经营情况而定。

2. 按摩池

水压按摩浴池集按摩与洗浴双重功效于一身，在浴池内设多个漩涡式高压喷射龙头，使身体各个部位都能得到适当的水力按摩，因而促进血液循环，促进健康。按摩池区一般要求设计三种不同温度的池（即热水池、暖水池、冰水池，习惯上称为"三温暖"）。现在有些高级场所还设有药池。池区各种按摩池的数量由干、湿桑拿房的数量而定，要与桑拿房的数量保持一致。

3. 淋浴房

淋浴房是与蒸汽浴室配套的房间。

（四）水疗区

水疗区的水疗池和水疗设备数量与淋浴房保持一致。

（五）按摩房

要分设男女按摩房，按摩房所占面积一般为场地的一半稍小，房内一般以暖色调配合调光灯，形成融洽、舒适的氛围。按摩房一般应与洗浴区相邻，不应间隔太远。按摩房可以是单间，也可以是一个多床位的按摩室，以满足不同顾客的需要。其中，按摩收费是按"分钟"计算的。

（六）休息区

休息区对空间要求较高，须气流通畅、光线柔和，形成一个安静、高雅、舒适的小憩区。为了增加经济收入，并适当控制休息区逗留人数，目前流行的是将休息室设计成具有视听功能的水吧，或者划出部分区域设成水吧。

（七）贵宾房

贵宾房是指配备独立的淋浴房、蒸汽桑拿房和按摩房的单独房间。贵宾房的装修一般要求豪华气派、温暖舒适、富有特色、不落俗套。在设计中要尽可能将淋浴间、卫生间和蒸汽桑拿房隔开，以便同时接待一个贵宾房中的多位客人。高档次及大型桑拿中心，常常附设豪华气派的贵宾房，房内设小型蒸汽室、桑拿室或再生浴室、水疗按摩浴缸、按摩床、更衣室、卫生间、沐浴间和小客厅等。房内各种设备一应俱全，适合家庭、商业伙伴、亲朋好友共同使用。有些贵宾房还设有 KTV 包厢，采用良好的隔音设备，使客人得到更全面的享受。

五、桑拿室的整体设计

（一）桑拿室的整体设计要点

1. 楼层布局合理

大型按摩浴池，其单位重量可能超过 1 500 千克，适宜建造在首层。如果楼面承重不够，可以采用多个小型轻质池。按摩房可设在楼上。

2. 外部视觉形象鲜明

外部装饰必须考虑周围的人文环境，力求做到既超凡脱俗、具有特色，又不破坏原有建筑风格。

3. 内部装修、装饰高雅

内部装饰不一定要富丽堂皇，但应大方、高雅、美观、实用，注意色彩的运用、空间的互补、景观的搭配。可适当布置一些灯具、小物品、字画、绿色植物、花卉、盆景、假山、回廊。

4. 注意客人消费顺序和洗浴流程

要防止干区与湿区的交叉和客人路线的重复，避免客人走回头路，使有限的空间发挥其最佳效用。

5. 各功能区合理分离

员工通道和客人通道要分开，员工卫生间、更衣室、休息室要同客用的分开，行政区和接待区分开。

6. 突出重点

康乐企业要视本企业的经营情况，突出重点区域。例如，有的康乐企业经营重点在按摩服务，故留出较多面积用于按摩；有的康乐企业考虑到女性消费者少的特点，将女宾区缩小或者将女宾区干脆称为 VIP 区，这样，在没有女宾时，男宾也可以使用。

7. 重视环境质量

桑拿浴室的空调系统必须完善，运转正常，以确保浴室内始终处于正常的温度与湿度，并保证足够的通风，因为通风质量直接关系到桑拿的效果，甚至顾客的生命安全。室温宜保持在 22℃~26℃，各室通风良好，空气新鲜，环境整洁，客人才有舒适感、方便感和安全感。

8. 经济原则

桑拿浴室应根据接待顾客的能力设计安装各种设备。如需要接待大量顾客，应安装两间桑拿浴室：一个小间、一个大间，或者设分隔式小桑拿浴室，这样更符合经济原则及实际需要。在非客流高峰时间，则可关闭其中一间，以减少用电量。

（二）浴室区域设计要点

（1）绝对清洁是浴室设计的根本要求。因此，所有排污水系统必须畅通无阻，地面必须铺上防滑的地台胶条，使水分迅速流走，以保持池区始终有干爽的感觉。

（2）所有客人有机会接触的地面，必须采用防滑材料。

（3）空调系统设计要做到任何冷空气不能直接对着客人吹。

（4）淋浴间及蒸汽房的天花板必须采用塑料材料，以免蒸汽凝聚而损坏天花板。

（5）要有电源供应饮水喷泉及小雪柜。

（6）冰水池必须设置于桑拿浴室及蒸汽浴房的门外，但不应距离太远。

（7）因很多客人有在池区休息的习惯，故浴室区应有宽敞的空间放置休息椅，并应提供饮品服务。

（8）淋浴间应尽量避免设于温水及热水按摩池附近，以免影响客人享受按摩浴的乐趣。如地积有限，则必须设置淋浴挡门。

（9）淋浴区须设有卫生清洁的洗手间，并需特别注意通风及抽湿系统。

（10）擦背是洗浴的必备服务项目之一。擦背房宜四边有墙，不宜面向其他淋浴者，擦背床多用硬木制成。房内必须供应温水及设下水地漏，而且灯光要暗，并不宜有空调设备。

六、桑拿按摩类项目服务的基本要求

（一）提供高水平的保健专业技术服务

桑拿保健类项目服务的突出特点，就是一旦出现较严重的服务事故，将会给客人造成难以弥补的身心伤害，极大损害客人的权益和饭店的形象。因此，有关部门必须对保健器械、用具用品和药品的规格在采购、验收、保管、准备、试用、使用等各个环节严格把关，防微杜渐，避免存在任何事故隐患，为提供高水平的保健服务做好保障。

（二）提供保健服务过程中的心理满足

（1）桑拿保健类项目的工作人员必须准确、清楚地回答客人提出的有关问题，满足客人求知的心理需求。

（2）在服务过程中，必须严格执行器械、用具用品、浴室、更衣室、客用棉织品和按摩浴衣等清洁整理规程和标准，满足客人安全消费的心理需求。

（3）服务人员与管理人员必须取得有关的服务技术等级认证证书和上岗资格证书，满足客人求专的心理需求。

（三）提供热情、礼貌、主动的优质服务

桑拿保健类项目服务过程的环节都比较多，客人也需要使用不同的保健设施、设备，再加上此类项目服务的专业技术性很强，客人肯定会时常感到无所适从。这时，热情的服务态度、礼貌的服务语言和主动的指示介绍将使客人感到轻松、安全和放心。

七、桑拿室员工的岗位职责及任职资格

根据桑拿中心的投资规模和营业时间，一般设主管1~2人，桑拿房服务员若干。

（一）桑拿房主管或领班

直接上级：康乐部经理（副经理）。

直接下级：桑拿房服务员。

岗位职责：

（1）对部门经理与经理助理所辖区域内的健身、娱乐、会议等活动项目进行全面管理。

（2）制定员工管理、物品管理、布件管理、酒水管理的各项规章制度，每月写一份工作计划，每周进行工作小结。

（3）了解、掌握各营业场所状况，根据各场所客源量及时调配人力。

（4）检查浴室里的冷、热水池水质是否良好以及桑拿房里的温度是否正常。按时打开冷、热水池的循环系统，检查喷泉和游泳池底灯、蒸汽房的蒸汽开关、温水表度数，并做好每一次检查记录。检查机房、蒸汽房、桑拿房、淋浴间、热水池的设备和水温情况，水温须用手试状态，以保持一切正常。

（5）每日营业前、后检查桑拿浴室、冲浪浴池、蒸汽浴室、休息区、更衣室、淋浴室与卫生间的清洁卫生各一次。

（6）检查各分部场所的设施、设备的维修保养状况。如有需要维修的项目，应立即上报。

（7）负责安排各业务班组的各项工作。

（8）对下属的考勤进行统计，根据员工表现，进行表扬或批评、奖励或处罚。

（9）负责组织、策划大型活动，协调各班组的工作。

（10）负责监督、控制营业班组服务流程的每一个动态，确保其规范化、科学化、标准化。

（11）及时向上级汇报工作。

（12）处理客人投诉。

任职资格：

高中以上学历，受过专业培训；能够做好设施设备日常维护；具备用一门外语同客人进行简单交流的能力，客户关系良好。

（二）桑拿房服务员

直接上级：桑拿房主管或领班。

岗位职责：

负责桑拿房的接待服务工作；负责营业场地的卫生清洁保养工作；负责营业前的物品准备工作；注意观察客人的异常情况，发现问题应及时逐级汇报等。

桑拿房服务员必须熟练掌握桑拿浴室的工作内容、服务程序和操作方法。具体如下：

（1）接待客人前检查桑拿室温度、冷热水池水质情况是否正常。

（2）热情接待客人，为客人提供桑拿浴室内的一整套服务。

（3）负责浴室停止服务后的卫生工作，清洁浴池，送洗客人用过的毛巾、浴衣等至洗衣房。

（4）保持更衣室、蒸汽浴室、桑拿房、卫生间的整洁，清洁地面的杂物、污迹，及时擦拭室内座椅，更换厕纸，喷洒空气清新剂。

（5）服从厅面服务员的工作安排，与按摩服务员合作。

（6）勤巡查，提醒客人保管好私人物品，禁止儿童进入。

任职资格：

高中以上学历；能够熟练为客人讲解桑拿种类及特点；能够及时发现设施设备异常情况，并采取相应的应对措施；具有较好的人际关系处理能力，善于处理与客人之间的关系等。

八、桑拿室员工的服务流程

（一）岗前准备工作

（1）上岗前自我检查，做到仪容仪表端庄、整洁，符合要求。

（2）开窗或打开换气扇通风，清洁室内环境及设备，整理按摩床，将所需用品放在指定位置，配齐各类营业用品，将木桶放满水，烧好炭火，做好营业前各种准备。

（3）检查并消毒酒吧器具和其他客用品，发现破损及时更新。

（4）补齐各类营业用品和服务用品，整理好营业所需的桌椅。

（5）查阅值班日志，了解客人预订情况和其他需要继续完成的工作。

（6）再次检查服务工作准备情况，处于规定工作位置，做好迎客准备。

（二）预订服务

（1）用规范语言主动、热情地接受客人预订。

（2）电话预订必须在铃响三声内接听，如因工作繁忙，请客人稍候。

（3）准确记录客人姓名、使用时间，并复述以取得客人确认。

（4）下预订通知单，通知相关服务人员提前做好接待准备。

（三）迎宾工作

服务员须面带微笑，主动问候客人，并将服务项目表递给客人，征求客人意见，待客人确定服务项目后，将客人引领到更衣室。

（1）热情、礼貌地向客人问好，登记客人的姓名、时间和所须项目（如干、湿桑拿等）。

（2）向客人说明桑拿浴的费用标准。

（3）向客人分发浴巾、面巾各一条及更衣柜钥匙。

（4）主动介绍桑拿中心的服务项目，如擦鞋、搓背、按摩等服务项目。服务项目应该事先一次性告知客人，如果需要以上服务，厅面服务员应随时通知相关服务员。

（5）满足客人的其他各项要求，如转接电话等。

（四）室内服务

（1）客人更衣后将客人引领进蒸汽房，并向客人示范物品、设备的使用方法和注意事项，客人表示无疑后，服务员退出蒸汽房，打开计时钟。

（2）客人进行蒸汽浴时，服务员应注意观察蒸气温度和客人动静，防止客人烫伤或晕厥。

（3）客人蒸汽浴结束后，服务员及时递上毛巾并引领客人到淋浴间冲洗，同时按下计时钟，铺好踏脚垫巾。

（4）客人淋浴结束后，如需要按摩，应引领客人至按摩室，并告知时间和价格，如需要休息，则引领客人到休息厅，并征询客人是否需要酒水。

（5）当客人示意结账时，服务员要主动上前将账单递给客人。

（6）如客人要求挂账，服务员要请客人出示房卡并与前台收银处联系，待确认后要请客人签字并认真核对客人笔迹，如未获前台收银处同意或认定笔迹不一致，则请客人以现金结付。

（7）客人离开时，主动提醒客人不要忘记随身物品，并帮助客人穿戴好衣帽。

（8）送客服务标准：使用服务用语向客人道别。

（五）送别客人

（1）服务员将客人送至门口，向客人道别。

（2）服务员应及时冲刷和消毒桑拿室，整理好桌椅，更换使用过的布件，准备迎接下一批客人的到来。

（六）安全服务

（1）浴室门口设"患有心脏病、高血压、脑溢血等病症的客人不得使用桑拿浴"的标牌。

（2）客人使用桑拿房期间，认真做好安全工作，对初次进行桑拿浴的客人，要介绍桑拿浴方法和注意事项。根据客人要求，将温度控制选择盘转到客人需要的位置，45℃较为适宜。服务员要密切关注客人的动静，每隔几分钟就要从门上窗口望一望，看客人浴疗是否适宜，以防发生意外。发现就浴客人有不适感或有意外情况时，应及时采取紧急救护措施，保证客人的安全。

（3）随时提高警惕，注意防盗，保证客人财物的安全。

（4）配备烟感、温感、消防栓、灭火器、安全通道等消防安全设施，并要保持其状态清洁、完好。

任务三 美容美发项目

近年来，随着社会的发展，人们生活水平的提高，美容美发行业加入了越来越多的享乐性成分，逐渐成为娱乐业的一部分。美容美发成为人们在工作之余，消除疲劳、愉悦身心的方式之一。现代旅游饭店一般都设立美容美发中心，用于为客人提供美容美发服务。大部分的饭店将美容和美发设置在同一个区域里，因为大部分客人往往同时需要这两个项目的服务。

一、美容美发服务项目的种类

美容服务项目包括面部普通护理、特殊护理保养、肩颈部护理、手部护理及美化、化妆。美发服务项目包括洗发、剃须、修面、理发、吹风、烫发、漂发、染发、束发等。

二、美容美发中心的服务流程

（一）岗前准备工作

（1）上岗前应先做自我检查，做到仪容仪表端庄、整洁，符合酒店要求。

（2）将各种用具准备齐全，保证各种设备完好有效，室内整洁干净。

（3）精神饱满做好迎客准备。

（二）迎宾工作

（1）面带笑容，主动问候客人。

（2）如客人需要脱衣摘帽，服务员要主动为客人服务，并将衣帽挂在衣架上。

（三）对客服务

（1）应先清洗双手，替客人围好围巾，并准备好各种用具。

（2）当客人示意结账时，服务员要主动上前将账单递给客人。

（3）如客人要求挂账，服务员要请客人出示房卡并与前台收银处联系，待确认后要请客人签字并认真核对客人笔迹，如未获前台收银处同意或认定笔迹不一致，则请客人以现金结付。

（4）客人离店时，主动提醒客人不要忘记随身物品，并帮助客人穿戴好衣帽。

（四）送别客人

（1）引领客人到收款台付账，提醒其带好随身物品，并送至门口，使用服务用语向客人道别。

（2）及时清扫场地并整理物品。

（3）将使用过的毛巾送洗衣房，更换新毛巾，并将新毛巾放入消毒箱消毒，做好再次迎客的准备。

（4）将该客人的服务要点记入客史档案。

思考与练习

1. 桑拿按摩类项目服务的基本要求是什么？
2. 简述桑拿中心的服务程序。
3. 简述按摩室的设计要求。

案例分析

一位客人在接受完桑拿按摩服务后，到服务台结账，并说有急事，催促服务员小李动作快些。客人走后，小李发现客人没有把更衣柜的钥匙留下，服务员小李立刻向领班报告了此事。

思考并回答：

如果你是领班，应该怎么办？

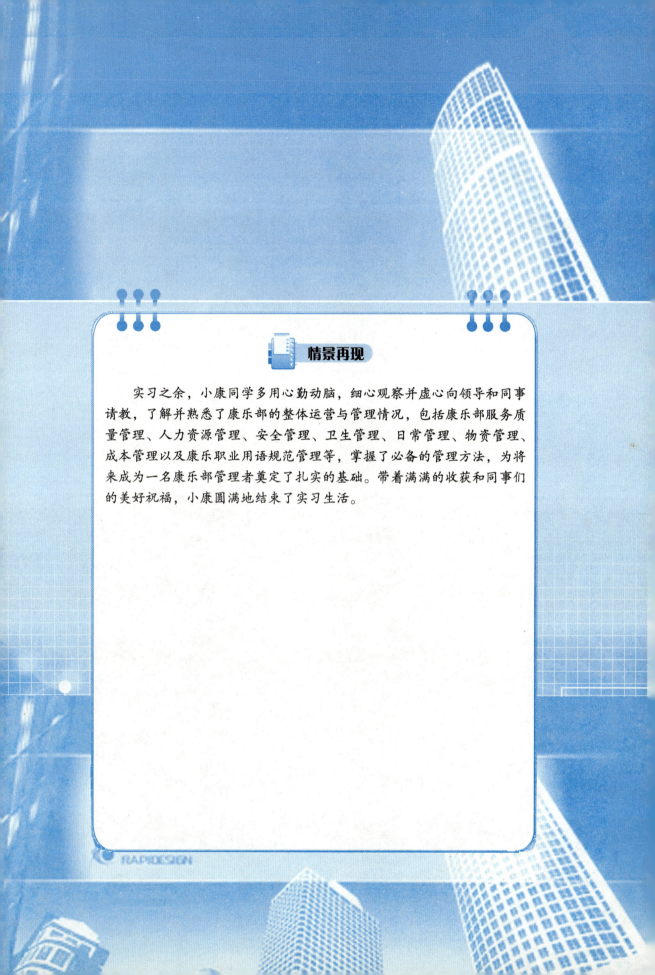

情景再现

实习之余，小康同学多用心勤动脑，细心观察并虚心向领导和同事请教，了解并熟悉了康乐部的整体运营与管理情况，包括康乐部服务质量管理、人力资源管理、安全管理、卫生管理、日常管理、物资管理、成本管理以及康乐职业用语规范管理等，掌握了必备的管理方法，为将来成为一名康乐部管理者奠定了扎实的基础。带着满满的收获和同事们的美好祝福，小康圆满地结束了实习生活。

模块三
塑造康乐管理高手

项目五　康乐部管理制度

 学习目标

　　了解并熟悉康乐部服务质量管理制度、人力资源管理制度、安全管理制度、卫生管理制度、成本管理制度、物资管理制度以及日常工作组织管理相关内容。

 学习重点

1. 康乐服务质量管理制度。
2. 康乐人力资源管理制度。
3. 康乐安全管理制度。
4. 康乐卫生管理制度。

 学习难点

1. 康乐服务质量管理制度。
2. 康乐人力资源管理制度。

任务一　康乐服务质量管理

　　现代饭店都非常重视服务质量，希望通过服务质量管理为宾客提供稳定的优质服务，满足宾客的各种需求，从而提高饭店的知名度和美誉度，以吸引客源，使老客户不断光临而成为饭店的忠诚顾客，最终带来可观的经济效益，使饭店在企业竞争中立于不败之地。

一、康乐服务质量的含义

　　关于康乐服务质量的理解，通常有两种：一种是狭义上的服务质量，指由服务员的服务劳动所提供的、不包括提供的实物的使用价值；另一种是广义上的康乐服务质量，它包含组成康乐部服务的三要素，即设施设备、实物产品和服务的质量，是一个完整的服务质量的

概念。

二、康乐服务质量的内容

康乐服务是有形产品和无形服务的有机结合；康乐服务质量则是有形产品质量和无形劳务质量的统一，有形产品质量是无形服务质量的凭借和依托，无形服务质量是有形产品质量的完善和延伸，两者相辅相成，构成完整的康乐服务质量的内容。康乐服务质量主要包括康乐部（康乐企业）设施设备的质量、劳务质量和企业整体质量。

（一）设施设备质量

康乐设施设备质量是指能够满足顾客一定需要的自然属性和物理属性，如设施设备的功能齐全，便于操作，并且具有本企业特点；设施设备在特定条件下和时间范围内，能够正常运行而不发生故障的可靠程度；设施设备应该装有防止发生事故的各种保护装置，如自动报警、自动断电、自动停止等装置，能够最大限度地保护顾客的安全；同时，设施设备的外观必须新颖美观，能够与康乐部的经营环境相吻合，符合时代潮流，达到与经营环境协调一致的程度。

（二）劳务质量

劳务质量是指饭店提供的服务的使用价值的质量，即无形服务质量，是饭店服务质量的重要内容。

礼节礼貌要求康乐部服务人员具有端庄的仪容仪表、文雅的语言谈吐、得体的行为举止等。由于服务员直接面对客人进行服务的特点，使得礼节礼貌在饭店管理中备受重视，因为它直接关系着宾客的满意度，是饭店提供优质服务的基本点。

职业道德是人们在一定的职业活动范围内所遵守的行为规范的总和。康乐部员工在服务过程中，许多服务是否到位实际上取决于员工是否有事业心和责任感。因此遵守职业道德也是服务质量的基本构成之一，它无可避免地影响着服务质量。

服务态度是指康乐部服务人员在对客服务中所体现出来的主观意向和心理状态，其好坏是由员工的主动性、创造性、积极性、责任感和素质的高低决定的。因此康乐部要求服务人员应具有"宾客至上"的服务意识，并能够主动、热情、耐心、周到地为宾客提供服务。康乐部员工服务的态度是很多宾客关注的焦点，尤其是出现问题时，服务态度常常成为解决问题的关键。宾客可以原谅康乐部的许多过错，但往往不能忍受康乐部服务人员态度上的失态。服务态度是无形产品质量的关键所在，直接影响康乐部的服务质量。

服务技能是指康乐部服务人员在不同场合、不同时间、对不同宾客提供服务时，能够适应具体情况，灵活恰当地运用操作方法和作业技能以取得最佳的服务效果，从而所显现出的技巧和能力。服务技能取决于服务人员的专业知识和操作技术，要求其掌握丰富的专业知识，具备娴熟的操作技术，并能根据具体情况灵活运用，从而达到给客人以美感和艺术享受的服务效果。只有掌握好服务技能，才能使康乐部的服务达到标准，保证康乐部服务质量。服务技能是康乐部提高服务质量的技术保证。

服务效率是指员工在服务过程中对时间和工作节奏的把握。它应根据宾客的实际需要灵活掌握，要求员工在宾客最需要某项服务时即时提供。因此，服务效率并非仅指快速，而是强调适时服务。

康乐部安全状况是宾客消费时考虑的首要问题。因此，康乐部必须保障宾客、员工及康乐部本身的安全。康乐部要制造出一种安全的环境气氛，给宾客心理上以安全感。

康乐部清洁卫生主要包括各区域的清洁卫生、客用品卫生、设施设备的卫生以及员工的个人卫生等。

（三）企业整体质量

设施设备的质量和劳务质量的最终结果是宾客满意程度。宾客满意程度是指宾客享受服务后得到的感受、印象和评价。它是康乐部服务质量的最终体现，因而也是康乐部服务质量管理努力的目标。宾客满意程度主要取决于康乐部服务的内容是否适合和满足宾客的需要，是否为宾客带来舒适感。管理者重视宾客满意程度自然也就必须重视服务质量构成的所有内容，即康乐部的综合质量水平。构成整体质量的因素很多，如饭店的等级、企业的规模、所处的环境、各部门之间协调配合的默契程度、康乐项目的数量、除康乐服务外所能提供的其他方面服务的数量和质量等。企业整体质量的水平对康乐服务的质量能够产生较大影响，是评价康乐服务质量的较重要因素。

三、优质服务的内涵

优质服务的关键是顾客对服务所感受到的满意度是否能达到或超过期望值。

（一）产品内容、特色和技术含量

服务是一种特殊的产品，是不可贮存的、边生产边消费的产品。服务的不同体现在其内容和特色上。不同的服务项目所能提供的服务是不可能相同的。从大的项目看，如餐饮业、运输业、商业、康乐业，虽然同属于服务行业，但它们所提供服务的内容与特点都有很大的差异。即使同一行业内的不同项目，其内容和特色也各不相同，如康乐业中的游泳池、卡拉OK歌厅、保龄球馆、电子游艺厅等，它们提供服务的内容和特色之间也存在着差异。因此，评估优质服务之前要首先注重这些服务内容和特色的区别。

专业和技术是指顾客能意识到的服务员所提供的服务中的专业知识和业务技能。例如，保龄球服务员的裁判知识、运动知识、较丰富的相关知识，示范能力、排除机器故障能力和其他较强的专业技术。这里所说的知识和能力不仅包括看得见的服务，还应包括看不见的服务。例如保龄球机器设备的维修和保养，都是在顾客看不见的时间和地点进行的，如果机器设备的故障率高，也会引起顾客的抱怨。

（二）服务态度与服务行为

服务态度是指顾客能否感知到提供服务的员工是否在友好地、自愿地为他们解决问题，并将他们的利益放在首位。顾客需要的态度是热情与诚恳、礼貌与尊重、亲切与友好、谅解与安慰。这些需要的产生是由于被服务者是有思想、有感情的人，而人的思想感情是复杂的、发展变化的，而且因人而异。这就要求管理人员和服务员通过细致地观察和分析，用心理学和统计学的理论方法进行探讨，找出其中的一般规律来指导服务工作。

服务行为是为满足顾客的实际需要而采取的行为，是使顾客的满意度达到期望值的主要因素。服务行为的优劣主要体现在服务员的主动精神的发扬和服务规范的落实上。例如，在游泳池或戏水乐园发放更衣柜钥匙的服务员是很客气地将钥匙递给顾客还是很随意地扔给他们；当顾客发生溺水事故时，救护员能否及时有效地救护等。这些服务行为的优劣决定着一个康乐企业服务档次的高低，也能反映出一个服务员素质的高低和能力的强弱。

（三）可参与性与灵活性

可参与性是指在某些项目中让消费者体验参与的乐趣，在参与中得到锻炼和陶冶。大部分康乐项目的参与性都很强，只有参与了，才能体验到项目的魅力，如卡拉 OK 的迅速发展，就是因为它具有极强的参与性。现在社会上很多新兴的康乐项目都突出了参与性，如陶艺馆、布艺馆、烘焙社等都受到人们的欢迎。顾客参与这些康乐活动而获得的满意度在很大程度上反映出企业的服务质量和水平。

康乐服务是一个动态过程，应在服务中体现灵活性。这是因为被服务的顾客之间存在需求的差异，顾客消费过程存在着随机性，康乐消费过程中会出现一些突发事件。所以，康乐服务应该随机应变，要求服务人员在不损害顾客利益的原则下灵活得体地提供服务，在营业促销、营业时间、服务方式等方面根据企业经营的项目特点和顾客的消费偏好来自主决定。

（四）可靠性与可信赖度

可靠性和可信赖度是指顾客在消费过程中，无论出现已经商定的情况还是意外情况，都相信并依赖服务机构及其员工在以顾客最高利益为重的前提下，履行承诺并提供服务。

康乐部通过管理和宣传，使顾客对企业产生很强的信任感，相信企业的设备质量、员工的服务能力及安全保证体系都是可靠的，这为提高顾客对整体服务质量的满意程度奠定了心理基础。要让客人相信，无论何时出现任何差错或发生一些始料不及的事情，服务提供者都能迅速主动地控制事态，并且能找到一个新的、让人接受的解决方法。

（五）物有所值

当顾客对康乐企业提供的服务感到物有所值时，才会在价格方面认为是满意的。对企业和消费者来讲，不能一味地去追求绝对的物美价廉，应该以合理的费用得到满意的产品，以合理的费用得到相应的消费条件和服务档次。对于企业来说，经营的根本目的在于赢利，因此不可能也不应该一味地靠增加成本以求物美，也不可能一味地降价竞销。

四、康乐服务质量管理的具体方法

第一，康乐中心质量管理工作实行"逐级向上负责，逐级向下考核"的质量管理责任制。

第二，严格执行康乐中心服务工作规范和质量标准，既是以客人为主体开展优质服务工作的保证，也是质量管理考核的主要依据。

第三，质量管理工作最重要的因素是员工。各级管理人员必须切实做好员工的工作，既要加强对员工岗位业务的培训，提高业务工作技能，同时也要关心员工的思想和生活，积极沟通与员工的感情，搞好员工福利，帮助员工解决困难，从而真正激发员工的工作热情。有一流的员工，一流的服务工作质量才有保证。

第四，各级管理人员应认真履行职责，从严管理，把好质量关。要坚持服务工作现场的管理，按照工作规范和质量标准，加强服务前的检查，服务中的督导及服务后的反馈和提高，以规范作业来保证质量，以工作质量来控制操作，使各项服务工作达到规范要求和质量标准。

第五，各个部门的领班应做到现场走动式管理。除参加会议和有其他工作任务外，还应坚持在服务工作现场巡视、检查和督导，并将巡查情况、发现的问题以及采取的措施和处理意见，记录在每天的工作日志中，报部门经理审阅，每月汇总分析整理，形成书面报告。部门经理每天至少应抽出三个小时，深入各管区中心进行巡视和督导，每月应将部门的质量管理情况向总经理汇报。

第六，经常征询客人的意见，重视客人的投诉。客人的意见是取得质量信息的重要渠道和改善管理的重要资料。全体员工要结合各自的工作，广泛听取和征求客人的意见，并及时向上级反映和报告，各级管理人员要认真研究，积极采纳。对客人的投诉要逐级上报，并采取积极的态度，妥善处理。客人投诉必须做到件件有交代，事事有记录。

第七，康乐中心质量管理工作应列入本部门和各中心日常工作议事日程，列入部门工作例会的议事内容，列入对员工和各级管理人员的考核范围。

第八，部门的管理质量要主动接受饭店质检人员的监督、检查和指导。部门需积极参加饭店召开的质量工作议会，按照饭店的工作部署，认真做好工作。

任务二　康乐人力资源管理

饭店康乐部的组织机构是指按照一定的目的、任务和形式加以编制所形成的内部经营管理系统。其作用是通过运用适当的管理方法和技术手段，发挥康乐部组织中各种人员的作用，把投入康乐企业中的有限资金、物质以及信息资源转化为可供出售的康乐产品。

一、康乐部员工的业绩考核

通常来说，饭店要定期对员工进行业绩考核，员工考勤制度具体如下：

第一，员工必须按时上下班，上下班必须签字，上下班时间以各部门考勤记录为准。

第二，员工考勤实行按级负责制。班组员工的考勤由领班负责；领班的考勤由经理负责。考勤记录在饭店统一印制的员工考勤表上。

第三，员工考勤每月汇总，由部门指派专人负责统计，并填写员工出勤情况日报表，由部门经理审阅签字后，报人力资源部，作为发放员工工资的依据。

第四，员工考勤的内容有：出勤、迟到、早退、旷工、事假、病假、丧假、婚假、产假、探亲假、工伤假、法定假、哺乳假、年度休假和调休等。员工因私请假（包括婚事、丧事、探亲等）均应事先提出申请，经本部门的经理批准。

第五，员工应遵守劳动纪律。工作时间必须严守岗位，不得擅离职守和无故早退；下班后不得在饭店内无故逗留；如须调换班次，应事先征得主管领导的同意。

第六，员工因病请假，必须持有饭店医务室出具的病假证明或饭店确认的指定医院的病假证明，方可准假。

二、康乐部员工的培训

通常来说，饭店要定期对员工进行培训，员工培训制度具体如下：

第一，本部门各级人员应积极支持和配合人力资源部和保卫部组织的各项培训活动，认真做好人员安排，教育员工主动接受培训。

第二，按照分级管理的规定，各部门应根据部门培训计划落实各班组员工及新进人员的培训。

第三，新进员工必须坚持"先培训，后上岗"的原则，在人力资源部进行岗前培训的基础上，再进行岗位业务知识培训和带教见习。

第四，部门经理是新进员工的岗位业务知识培训主要负责人，应将培训中制定的岗位责任、素质要求，以及有关的工作规范、质量标准和规章制度等作为业务知识培训的教材，通过自学、讲解等方法，达到应知的目的，考核成绩报人力资源部备案。

第五，领班是新进员工带教见习的主要负责人。通过实际工作的带教实习达到应会的目的。实习期满后，必须经部门或班组考评，考核成绩报人力资源部。

第六，班组员工的岗位提高培训，应在有组织地开展岗位业务练兵的基础上，采取缺什么补什么的方法，有计划地进行，部门经理和领班是员工岗位提高培训的主要负责人。

第七，员工的岗位提高培训应采取现场培训为主，结合日常的现场管理和工作考查，加以具体指导和教育，以不断提高员工的业务技能。

任务三 康乐安全管理

康乐场所是人群相对密集的区域，随着社会的进步，康乐项目的设施设备规模不断扩大，项目种类越来越多，康乐经营管理中的安全工作也越来越重要，一旦出现意外，很容易酿成重大事故。作为康乐部的管理者，不仅要激发客人的健康观念，还要对潜藏的隐患制订周密的安全措施和应急方案，加强管理，以保证客人、员工及企业的安全。

一、康乐部安全管理事故的发生

康乐部安全管理事故发生的主要原因有四个方面，即设施设备质量方面的原因、设施设备维修保养方面的原因、顾客在使用设备设施方面的原因、康乐部在管理和服务方面的原因。

（一）设施设备质量欠佳

1. 大型游乐设备的质量问题

随着国民经济水平的提高和追求休闲健康精神需求的日益增长，国内许多城市涌现出了大量康乐企业和康乐设施生产厂家。在商业利益的驱使下，许多企业不具备生产条件，却在进行无证生产。2005年国家技术监督局、建设部等六个部门联合组织了对全国大型游乐设施的大检查。检查结果表明，当前正在使用的游乐设备大部分存在着老化、陈旧的问题，另外还有很多设备属于无证产品和自制产品，存在着设计和配置不合理的现象，这些问题都影响着设备的安全运行。

2. 室内游艺设备的质量问题

存在质量问题和安全隐患的游艺设备多来自无生产许可证的生产厂家。这类厂家往往为追求利润和产量而轻视安全质量，致使产品存在安全隐患。这类产品的安全隐患主要有两个方面：一方面是电器绝缘性能太差，并且电源线不带保护地线，这样的设备很容易发生漏电事故；另一方面是一些设备的外观非常粗糙，棱角处的装饰条和螺钉等有毛刺或尖锐锋利面，很容易划伤顾客。

3. 游泳池设施的质量问题

饭店康乐部的游泳池池底、池壁、地面和墙面多用瓷砖铺成，瓷砖质量和施工质量如不严格控制就可能引发安全事故。瓷砖的棱角处如果太尖锐，就很容易划伤顾客，特别是人的皮肤经水浸泡后更容易被划伤。另外，地面瓷砖应采用具有较强防滑性能的瓷砖，这样才能有效防止事故的发生。

（二）设施设备维修保养不到位

1. 台球厅保养不当造成的安全事故

一般情况下，饭店康乐部的台球厅环境幽雅、设施豪华，打球人员无剧烈动作，不容易出现伤害事故。但是如果保养维修不当也难免造成事故。如台球杆出现裂痕、台球案上的台呢出现裂痕等。

2. 保龄球馆保养维修不当引发的安全事故

饭店康乐部的保龄球馆的设施设备每天都需要认真保养，否则容易发生故障，引发事故。按照规定，保龄球道应该每天除尘、打磨、涂油。涂油的区域和油膜的厚度都应按规定要求操作，但在发球区和发球区近端，球道是不应涂油的。可是有的保养人员操作随意，在转换球道时将油拖布或落油机很随意地从发球区拖过去，使发球区沾染上球道油，这样当打球的顾客踩上去时，就很容易滑倒摔伤，有的球馆就曾因此摔伤顾客，造成顾客的骨折。

3. 游泳池和戏水乐园的安全事故

饭店康乐部的游泳池和戏水场所的保养维修工作也非常重要。水池四周的地面应保持清洁，否则细菌很容易繁殖，水藻、青苔也容易生长，地面因此很滑，顾客容易滑倒摔伤。水质的保洁也很重要，否则水的透明度就会变差，导致服务人员可能看不清水下发生的事故。

（三）顾客使用方法和活动方式不当

1. 准备活动不充分

很多康乐项目是由运动项目转化来的。有些活动比较剧烈，因此在进行这些运动之前，应当先做好预备活动，否则就可能出现安全事故。例如，游泳前如果没做好准备活动，就容易出现抽筋。在进行健身锻炼、游泳、保龄球运动、网球和壁球运动前，如果没做好准备活动，就容易出现扭伤和拉伤。

2. 身体情况欠佳

顾客在身体情况欠佳时，应当注意不要参与危险性和刺激性强的项目，也不要参加较剧烈的运动。例如，酗酒后游泳或戏水就很危险。某戏水乐园就曾发生过一位顾客酗酒后坐水滑梯，结果被自己的呕吐物呛死的恶性安全事故。患有心血管病、脑血管病的顾客不宜参与水滑梯、过山车之类的强刺激项目，否则容易使病情加重，严重的甚至会由于病情突然恶化而猝死。身体状况不好时也不宜较长时间洗桑拿，否则会引起严重的后果。

3. 技术水平欠佳

有的顾客的运动水平欠佳，因而动作协调性、运动持久性都很有限。在这种情况下，出现安全事故的概率就相对大一些，再加上人们在饭店康乐部的环境里都比较兴奋，往往忽视安全，出现安全事故的概率进一步加大。例如，在保龄球场，有些顾客由于动作很不协调又用力过猛，而经常滑倒，其中个别的可能会摔伤；在游泳池和戏水乐园，往往会发生溺水事故，严重的甚至溺水而亡，而发生溺水事故的多数是游泳技术不好的人，也有的意外事故是由于自己不懂得如何处理才造成的。

4. 未按操作规定控制设备

操作规定是根据机器设备的性能特征和安全要求制定的，有的顾客在使用设备时比较随意，不按操作规定去做，这就很容易引发安全事故。

（四）康乐部管理和服务不到位

1. 维持秩序不当

一般的康乐项目多是很多人共同参与的项目，这就需要制定相应的游戏规则并维持良好的活动秩序，一些带有危险性的活动更应如此，例如小赛车、水上摩托、水滑梯等项目。如果维持秩序不当，事故会比较严重。因此，在项目实际经营管理中，维持秩序是非常重要的。

2. 保护措施不当

一些康乐项目的运动量很大，并且存在着一定的不安全因素。为了减少或消除这些不安全的因素，在进行这些康乐活动时，就应该采取适当的保护措施，以避免出现安全事故。

3. 提示不及时

在容易出现安全事故的地点或时间，应该由服务员经常提示顾客，以降低发生事故的概率。例如，在游泳池应当提示注意池水的深浅，应设有深水区、浅水区的提示牌，以防止顾客出现溺水现象或喜欢跳水的人跳水时头部与池底相撞的状况。又如，在保龄球馆有的顾客打球的动作很不规范，如果不及时提示顾客改正动作，那么不但打不出好球，还可能因动作不规范而滑倒摔伤。

4. 操作失误

有的项目需要服务员按照严格的要求操作，尽可能避免发生严重伤害事故。

5. 治安管理和消防管理不善

（1）打架斗殴。打架斗殴的事件在专门的康乐场所时有发生，而在饭店的康乐部发生的概率小一些。引起斗殴事件的原因有两种：一种是来康乐场所消费的人群成分比较复杂，有时会有一些喜欢滋事的流氓混迹其中，这种人有时会寻衅闹事；另一种是顾客当中有个别人好出风头，常为一点小事与别人争长论短，出言不逊；也有的顾客酗酒后到康乐场所消费，这些人往往精神亢奋、缺乏理智，容易与别的顾客发生口角，甚至斗殴。

（2）消防事故。康乐场所由于顾客流量大且人员成分复杂，更应加强消防安全管理，否则后果将是非常严重的。

（3）失窃事故。在康乐场所，特别是向社会开放的康乐场所，很容易发生丢失物品的事故。引起失窃事故的原因有两个方面：一方面是由于参与康乐活动的顾客在兴高采烈的时候容易忽略所带物品，无意间将物品丢失；另一方面是由于这种公共场所是小偷经常光顾的地方，他们在这里也容易"得手"，因为在这种地方顾客与他们所带的物品会有分开的机会。

二、康乐安全管理的目标和任务

（一）康乐安全管理的目标

1. 保障客人的安全

一般来说，客人的安全主要体现在以下3个方面：

（1）人身安全。保障客人的人身不受侵害，这是客人最起码的生理要求。造成客人人身伤害事故的因素有：社会环境、自然灾害、公共治安、康乐设备设施安装不当以及火灾、食物中毒等。

（2）财产安全。客人随身携带的物品，一般需要寄存，应妥善为客人保管好。

（3）安全感。所谓安全感，实际上就是客人对环境、设备设施、服务的一种信任感。有时客人的人身未受到伤害，财产也未损失，但有一种不安全感，一种恐惧心理，主要表现在设备设施安装得不合理或不牢固；收费不合理，价格不公道，使客人有被"宰"的感觉；服务人员服务不当；气氛过于紧张，如"禁止通行""闲人莫入"等标语，保卫人员的表情严肃、态度生硬等；缺乏必要的防盗和消防措施。

2. 保障员工的安全

保障员工的安全是饭店康乐部的经营管理中正常进行并取得良好效益的基本保证。它包括3个方面的内容：

（1）保障员工的人身安全。到饭店康乐部消费的顾客比较复杂，各个层次的人员都有，每个人的素质不同，难免会与服务员发生冲突。作为管理人员，既要保证顾客的人身安全，同时也要保障员工的人身安全。

（2）保障员工的合法权益。因为康乐部遵循"客人至上"的服务宗旨，因此在工作中员工难免会受到各种委屈及某些客人的不敬。作为管理人员，必须坚持依法办事，主持公道，保障员工的合法权益不受侵犯，人格不受侮辱。

（3）保障员工的思想不受污染。康乐服务的对象比较复杂，各色各样的人都有。客人的到来，给企业带来了收入，但难免也会带来一些不良的影响，这就不可避免地会对员工的思想产生某些负面作用。如果不加以控制，到了一定的程度，就会造成严重的后果。

3. 保障康乐场所的安全

为了维护秩序，要进行一系列工作。例如，有的客人或酗酒，或大吵大闹，或衣冠不整，或行为举止不雅等，保安人员如不制止，就会影响整体格调，破坏饭店形象。

（二）康乐安全管理的任务

1. 制定康乐安全措施，组织安全业务培训

康乐部要根据公安、卫生防疫、消防等单位及饭店的规定，结合本部门的特点，制定具体的安全措施。要对全体员工进行安全业务培训，包括事故预防、事故处理等。要给员工讲授法律知识，提高员工对各种犯罪活动的警惕性，增强员工保护消费者权益的意识，了解如何维护企业和自身利益。

2. 建立健全安全管理组织

康乐部经理参加饭店安全委员会，协调康乐安全事务。各个班组配备安全员，负责沟通安全方面的信息，宣传安全知识。要建立分工负责的安全管理体制，发动全体员工做好安全工作。

3. 做好消防检查和维护工作

消防设备，如灭火器、水龙头、防火通道、隔火通道、感烟装置、监控系统等，要定期进行检查维护。安全管理必须切实抓好这些设备设施的预防性检查和维修工作，设专人管理，位置摆放合理，取用方便。

4. 做好食品卫生管理，预防食物中毒和疾病传染

要熟知引起食物中毒和疾病传染的原因，制定安全措施，加强食品卫生检疫工作，建立责任制。一旦发生食物中毒和疾病传染的事故，要及时与卫生防疫部门联系，查明原因，分清责任，总结教训。

5. 妥善处理安全事故

发生安全事故，首先要会同有关部门和人员，及时查明原因和事故责任者，分清事故性质，根据情节轻重提出处理意见。同时，还要吸取经验教训，分析发生安全管理的漏洞或不足，及时修订安全措施。

三、康乐部安全事故的处理

对安全事故的处理虽然属于被动管理，但是在饭店康乐部的经营管理中，却是不可避免的。对安全事故的恰当处理，能避免事态扩大，有效减少事故带来的损失。主要表现在以下几个方面：

（一）溺水事故的处理

溺水事故是饭店康乐部游泳馆、水上乐园容易发生的事故。情况严重时往往导致溺水者死亡。一旦发生溺水事故，进行现场急救十分必要。具体过程如下：

（1）立即清除口鼻内的污物，检查溺水者口中是否有假牙。如有，则应取出，以免假牙堵塞呼吸道。

（2）垫高溺水者腹部，使其头朝下，并压拍其背部，使吸入的水从口、鼻流出。这个过程要尽快，不可占过多时间，以便进行下一步抢救。检查溺水者是否有自主呼吸，如没有，应马上进行人工呼吸，方法：使溺水者仰卧于硬板或地面上，一只手托起其下颚，打开气道，另一只手捏住其鼻孔，口对口吹气，每分钟 16～18 次。

（3）在做人工呼吸的同时，检查溺水者颈动脉的跳动，以判断心跳是否停止。如果心

跳停止，则应在进行人工呼吸的同时，进行体外心脏按压，方法：双手叠加对溺水者心脏部位进行每分钟 60～80 次的挤压。

（4）迅速将溺水者送往医院急救，在去医院途中不要中断抢救。

（二）骨伤的处理

若骨伤有出血现象时，应先止血，然后包扎。包扎出血伤口后再固定，可用木板、杂志、纸板、雨伞等可找到的物品作支撑物，固定伤骨。不要试图自己扭动或复位。固定夹板应扶托整个伤肢。固定时，应在骨突处用棉花或纱布等柔软物品垫好，以减少伤者痛苦，然后用绷带包扎。包扎的绷带要松紧适度，并要露出手指或脚趾，以便观察血液流通情况。包扎后应当立即送往医院治疗。在康乐服务中，有可能遇到颈椎创伤，这时候更要认真对待，切不可掉以轻心。应急处理时应将伤者平移至担架或木板上，并迅速送到医院治疗。

（三）烫伤与烧伤的处理

发生烫伤事故时，首先要局部降温。一般来说，只有红肿的为轻度烫伤，这时可用冷水冲洗几分钟，再用纱布包好即可；重一些的烫伤，局部已经起水泡，疼痛难忍，这时须立即用冷水较长时间冲洗，一般情况下，注意不要碰破水泡，以防止细菌感染。如果烫伤的局部很脏，可用肥皂水清洗，但要特别注意不可揉搓擦洗，以免碰破表皮，否则，不利于以后的治疗，而且也会增加伤者的痛苦。清洗之后，蘸干表皮的清水，盖上纱布，用绷带包好，送到医院作进一步治疗。

烧伤通常是由电击或火灾引起的。可先用生理盐水冲洗一下，如果伤口被脏物污染，可先按烫伤清洗办法处理，再用生理盐水冲洗，保持伤口及其周围皮肤的清洁，再盖上消毒纱布，用绷带包扎，并尽快送往医院治疗。

（四）扭伤和拉伤的处理

扭伤和拉伤多因顾客在参与康乐活动中姿势不正确或用力过猛所致。由于肌肉或韧带已经损伤，会伴有较强的疼痛感。发生这类事故时，服务员应该马上扶顾客坐下，然后查看扭伤或拉伤的部位，观察伤势；如果伤势不严重，可以使用局部外用药，并嘱咐顾客注意休息。此时，如果顾客决定终止消费，服务员应协助办理相关手续；如果顾客伤势较重，服务员在对伤者进行简单护理后嘱咐他马上去医院治疗。同时应立刻将事故情况逐级上报，由康乐部经理决定是否派服务员陪同顾客去医院。

（五）客人提出进房按摩的处理

原则上不提倡服务人员进房按摩。但健身服务台在接听客人按摩预订要求时，应首先礼貌邀请客人来指定的健身中心按摩，如遇特殊情况，例如客人伤病或过度疲劳等原因，报值班经理，经同意后，可安排按摩人员进房按摩（禁止异性按摩）。由值班服务台开具表单，标明按摩起始时间段、收费标准。

按摩人员必须持证、挂牌上岗，进入客房前，应到楼层值班台登记；进入客房后，按标准程序和指定时间为客人服务，结束后，应立即离开，不要逗留在客人房内。

（六）客人之间产生争执的处理

发现客人之间产生争执，应立即报告保安部和大堂副经理，音响师马上停止播放音乐，立刻将所有灯光打开。立即将附近桌上的酒瓶、酒杯、烟灰缸等可能作为对人身造成伤害的物品撤走，避免更大的伤亡。协助保安上前劝解，将双方隔离；劝其他围观者远离事故现场，以免误伤，并安慰客人。协同保安人员将肇事者带离现场。发现物品、设备损坏，应报告大堂副经理，由大堂副经理向当事人索赔。收拾清理场地，记录事件发生经过。

（七）健身过程中遇见客人外出血的处理

在健身过程中，外出血在运动损伤中较为常见，为避免不必要的恐慌，服务人员应掌握几种止血的方法：

1. 抬高伤肢法

抬高伤肢的位置，可以使小动脉、小静脉出血减少或停止。较大的血管出血，此法不易生效。

2. 压迫法

（1）直接压迫法。用无菌纱布块及棉花垫盖伤口，再用绷带按压，包扎；也可用手指直接压在伤口的出血点上。

（2）间接压迫法。用手指压迫出血动脉的近心端处，以达到止血目的；也可采用特制的止血带或代用品（如橡皮管、毛巾、宽布带等），缚扎于伤口的近心端。

（3）冷敷法。借低温作用使血管收缩，达到止血目的。可用冰袋、冷水袋直接放于伤处。

以上几种方法是服务员应掌握的应急措施。当然，如果出现大面积流血或内出血状况，服务人员不应自作主张上前帮忙处理，而应立即报告值班经理请来饭店医务人员，联系附近医院，协助客人外出就医。

（八）客人在健身房浴室滑倒的处理

（1）立即上前，关心情况。

（2）客人如果想站起，应伸手搀扶，但不可把客人强行拽起。

（3）询问客人是否需要看医生，客人如同意，应立即打电话请饭店医生来。

（4）客人如伤势严重，应通知大堂副经理，由大堂副经理派车和有关人员将客人送到医院诊治。

（九）停电事故的处理

停电事故可能由于外部供电系统引起，也可能由于饭店内部设备发生故障引起。停电事故随时都可能发生，因此，饭店须有应急措施，做以下处理：

（1）当值员工安静地留守在各自的工作岗位上，不得惊慌。

（2）及时告知顾客是停电事故，正在采取紧急措施恢复供电，以免顾客惊慌失措。

（3）如在夜间，应用应急灯照亮公共场所，帮助滞留在走廊及电梯中的顾客转移到安全的地方。

（4）加强公共场所的巡视，防止有人趁机行窃，并注意安全检查。

（5）防止顾客点燃蜡烛而引起火灾。

（6）供电后检查各电器设备是否运行正常，其他设备是否有损坏。

（7）做好工作记录。

（十）顾客报失的处理

服务员接到顾客的报失报告后，应立即向保安部或本部门上级领导汇报。保安部接到报告后，应立即派人了解情况。在了解情况时，应详细记录失主的姓名、房号、国籍、地址，丢失财物的名称、数量以及型号、规格、新旧程度、特征等。要尽量帮助顾客回忆来店前后的情况，丢失物品的经过，进店后最后一次使用（或见到）该物品是什么时候，是否会错放在什么地方。在征得顾客的同意后，协助顾客查找。如一时找不到顾客报失的物品，请顾客将事件经过填在"顾客物品报失记录"上。要及时同其他部门联系，询问是否有人拾到。如果顾客的物品是在饭店或康乐企业范围以外丢失，应让顾客亲自去公安部门报案。

四、康乐安全管理制度

（一）部门安全组织制度

按照酒店群众性治安、消防组织的设置要求，在各部门和管区建立相应的安全组织及兼职的治安员和基干义务消防队员，形成安全保卫网络，坚持"安全第一、预防为主"的工作方针，落实"谁主管，谁负责"的安全责任制，确保一方平安。

（二）员工安全管理

（1）员工必须自觉遵守《员工手册》中明确规定的安全管理制度，自觉接受酒店和部门组织的"四防"（防火、防盗、防破坏、防治安危害事故）宣传教育及保安业务培训和演练。

（2）员工应掌握各自使用的各类设备和用具的性能，在做好日常维护保养工作的同时，严格按照使用说明正确操作，以保障自身和设备的安全。

（3）员工应熟悉岗位环境、安全出口的方位和责任区内的消防、治安设备装置及使用方法。

（4）员工应熟悉《保安管理》中制定的"火灾应急预案"和"处理各类刑事案件和治安事件的工作流程"，遇有突发事件，应保持镇静，并按应急预案和工作流程妥善处理。

（三）康乐场所安全管理

（1）康乐场所必须做到消防设备齐全、有效，有两个以上的出入通道，并保持畅通。

（2）严格按照治安主管部门发布的娱乐场所治安管理条例经营，发生影响治安秩序的人和事，应立即采取措施制止和隔离，并向保卫部报告。

（3）营业结束时，应做好安全检查工作。

任务四 康乐卫生管理

饭店康乐部的卫生管理关系到顾客的卫生安全，也关系到饭店的声誉和形象，在很大程度上影响到康乐部的经营。

饭店康乐部卫生工作的特点是工作量大、重复率高、各项目要求存在差异。工作量大是由于康乐部项目种类多、设备数量大、设施设备与顾客接触多；重复率高是由于顾客流动量大、设备使用频率高，有的设备每换一位顾客就要搞一次卫生，例如按摩和美容美发设备，同样的卫生工作每天都要多次重复；各项目要求存在差异是由于各项目之间在康乐内容、设备结构、使用方法等方面都存在很大差异，卫生要求和工作内容也不一样。

一、营业场所卫生制度的基本要求

（1）营业场所卫生实行"三清洁制度"，即班前小清洁，班中随时清洁和班后大清洁，部分区域实行计划卫生制度和每周大清理制度。

（2）使用有效方法使大厅空气随时保持清新。

（3）做好灭蚊、灭蜗、灭鼠、灭蟑螂工作，定期喷洒药物，如果不能控制，及时通知专业公司进行消灭。

（4）食品分类存放，每周对冰箱进行彻底清理和整理，对即将过期的食品、饮料要按规定撤换退库。

（5）要随时对客人用过的杯具进行消毒（消毒方法：将洗刷干净的杯具杯口朝下装入器皿，再放进消毒柜内，并启动开关，消毒时间在 15~20 分钟）。消毒后，等温度下降后方可取出杯具，然后放置在柜内，用干净的布盖好备用。

（6）消毒柜进行计划清理；领班应每天记录消毒情况，写明消毒时间、数量、种类、消毒人姓名等。

（7）服务员每天要对更衣室进行消毒（消毒可使用紫外线或化学药剂消毒）。

（8）主管应每天对杯具及房间的消毒情况进行检查，如发现有不按规定消毒或不进行消毒的情况，要按饭店《奖惩条例》的有关规定予以处理。

（9）康乐部经理对部门所辖区划的卫生负有最终责任，必须定期进行全面的检查，并将检查记录在案，作为各班组卫生评比的重要依据之一。

二、康乐部各个项目的卫生管理工作

（一）台球厅的卫生管理标准

（1）台呢：元污迹、无尘土，色泽鲜明，绒毛柔顺。

（2）台边及台腿：光洁无尘，无污迹。

（3）球杆、架杆、记分牌：球杆、架杆光洁滑润，无汗迹。记分牌无尘土，铜质部分无锈斑、无汗迹。

（4）台球：球面光洁、色彩鲜亮。

（5）高椅和沙发：木质部分光洁、无污迹，布质和皮质部分无灰尘、无污迹、无褪色。

（6）服务台及吧台：台面干净整洁、无杂物，玻璃和石质部分光洁明亮。吧台用具除直观干净外，还应符合卫生检疫标准。

（7）灯泡和灯罩：保持光洁，无明显灰尘。

（8）地面和墙壁：墙面壁饰整洁美观，无蛛网、无灰尘、无污迹、无脱皮；地面洁净，无弃物、无卫生死角；地毯上无饮料污迹。

（二）健身房的卫生管理标准

（1）服务台及接待室：天花板光洁无尘，灯具清洁明亮，墙面干净、无脱皮现象，地面无污迹、无废弃物，服务台面干净整洁，服务台内无杂物，沙发、茶几摆放整齐，烟缸内的烟头及时清理。

（2）更衣室：地面干净无尘，无走路留下的鞋印；更衣室内无卫生死角、无蟑螂等害虫；更衣柜表面光洁、摆放整齐，柜内无杂物；为顾客提供的毛巾、浴巾等物摆放整齐。

（3）健身室：天花板和墙面光洁无尘，地面干净，无灰尘，无废弃物；健身设备表面光洁、无污迹，手柄、扶手、靠背无汗迹，设备摆放整齐；光线柔和，亮度适中。

（4）淋浴室：墙面、地面无污迹；下水道通畅，室内无异味；淋浴器表面光洁，无污迹，无水渍。

（5）卫生间：墙面、地面光洁；马桶消毒符合要求，无异味；镜面无水迹，光洁明亮；水箱手柄、洗手池手柄光洁。

（6）休息室：墙面和地面无灰尘、无杂物，沙发无尘，茶几干净，用品摆放整齐；电视机表面干净无尘，荧光屏无静电吸附的灰尘；亮度适中，空气清新。

（三）游泳池的卫生管理标准

（1）迎宾服务台：台面整洁干净，无灰尘、无杂物，台内无垃圾、无散乱的废票根。

（2）更衣室：地面干净，无污物、无鞋印、无水迹、无垃圾；更衣柜内外整洁，柜内无杂物、无顾客遗落物品、无蟑螂等害虫；镜面光洁明亮，无水迹、无印迹。

（3）淋浴室：墙面和地面的瓷砖光洁，无污迹、无污渍、无水迹；下水道流水通畅，水箅子无堵塞现象；浴液补充及时。

（4）强烈喷淋通道和浸脚池：墙面、地面无污迹，喷头喷水通畅，下水道通畅；浸脚池壁无污迹，池水无污物；消毒药浓度符合要求，余氯含量保持在 $5 \sim 10$ 毫克/升。

（5）游泳池四周场地：地面无垃圾、无积水、无青苔；茶几、躺椅整洁干净，无污迹；营业前烟缸内无烟头，营业中烟缸内的烟头不得多于 4 个；垃圾桶外表干净、无污迹，桶内垃圾经常清理。

（6）游泳池墙壁：墙面、台阶无污迹、无垃圾；窗台、通风罩无灰尘、无杂物；游泳池壁无水垢、无污迹。

（7）卫生间：地面无积水、无污迹，马桶内外无污迹，小便池无尿渍，洗手池无污迹、无水垢；镜面光洁明亮，无水迹、无印迹；卫生间内无异味。

(8) 游泳池水：水质清澈透明，无污物、无毛发；消毒药投放准确、及时，余氯保持在 0.3 ~ 0.5 毫克/升，pH 值保持在 6.5 ~ 8.5。

（四）桑拿浴室的卫生管理标准

(1) 服务台：墙面及天花板整洁，无灰尘、无蛛网；地面地毯清洗、吸尘及时，无灰尘、无废弃物；服务台面干净光亮，服务台内整洁，无杂物、无垃圾；沙发上无灰尘，茶几干净、光亮。

(2) 更衣室：地面干净，无污迹、无灰尘、无积水；更衣柜摆放整齐，柜子内外擦拭干净，柜内无杂物、无蟑螂；为顾客提供的毛巾、浴巾须经过消毒处理，整齐地摆放在柜内。

(3) 淋浴室：墙面、地面无污迹，下水道通畅，室内无异味；淋浴器开关表面光洁，无水垢；洗浴用品台整洁，无污迹。

(4) 桑拿浴室：墙面、地面无污迹、无灰尘；桑拿室内无异味。

(5) 水按摩池：池底无沉积的污物，池壁光洁，池边无污迹；台阶无污迹，扶手光洁，池水消毒符合要求，游离性余氯 0.3 ~ 0.5 毫克/升，pH 值在 6.5 ~ 8.5；水温符合要求，冷池 10℃ ~ 12℃，温池 25℃ ~ 30℃，热池 40℃ ~ 45℃。

(6) 卫生间：无异味；墙面、地面光洁；马桶、洗手池消毒符合要求；金属手柄光洁，无水迹、无汗迹；镜面光洁、明亮。

(7) 按摩室：室内无异味；墙面、地面干净无尘，茶几整洁，把杆光亮，无汗迹；按摩床整洁，按摩布、浴布、毛巾都经过消毒，并且一客一换。

(8) 休息室：墙面和地面无污迹、无灰尘；沙发和茶几的木质部分和玻璃擦拭干净，无灰尘、无印迹，沙发面无灰尘、无污迹；电视柜和电视机无污迹、无灰尘，电视屏幕无静电吸附的灰尘，电视遥控器无污迹、无汗迹。

三、康乐部卫生管理制度

1. 卫生检查制度

(1) 清洁卫生工作实行层级管理逐级负责制。

(2) 实行每月检查制，部门经理主管随时抽查，第一次督促，第二次警告，第三次罚款。

(3) 任何人如因餐具卫生等问题引起投诉，视情节追究责任。

2. 责任落实制度

(1) 日常卫生清洁工作由当班人负责。

(2) 有特殊情况，如维修或清洁地毯时，由当班人员协助及时清洁卫生，保持营业场所清洁和设施设备完好。

(3) 如有餐具打碎或食品、酒水等污染地面和设备现象，当班人员应及时清理或及时下派工单，进行维修清理。

(4) 保龄球定期上油、消毒、擦拭，保龄球鞋定期刷洗、消毒，每周一次，由领班负责。

任务五　康乐成本与物资管理

随着饭店康乐部的发展，其成本管理已经成为饭店在市场竞争中得以生存和发展的重要保证，做好康乐部的成本管理工作，才能保障饭店康乐部的正常运转。

第一，部门实行成本费用管理责任制，部门经理应对本部门的成本费用负责。

第二，成本费用是指在经营管理活动中发生的各项成本与费用，应做好营业成本和费用的预测，并与各项营收、经营毛利率相衔接。

第三，经营预算中的成本费用控制，应落实到各部门，并与考核和奖惩挂钩。各部门要对员工进行教育，使每个员工明确成本费用控制目标，不断提高员工的成本核算意识；同时要结合日常的经营活动，经常检查成本费用的执行情况，严格控制在计划范围内的正常开支。

第四，结合部门经济活动分析，对月度、季度的成本费用进行分析，及时发现影响成本费用的各项因素和在成本管理上的薄弱环节，研究和提出改进措施和方法，进一步探索降低成本费用的途径，保证计划目标的全面实现。

康乐部物资管理是饭店康乐部管理中的一项重要内容。康乐部日常使用的物资用品，多数是单件价值不大的生活用品，这些低值的消耗品需要量大，如果不加强控制并严格管理，必然会造成大量的浪费，给饭店康乐部经营管理和效益带来不利的影响。

一、财产设备管理

（1）根据财务部有关的固定资产管理制度，康乐中心使用的各种财产设备由专人负责管理，建立康乐中心财产二级明细账，各部门使用的财产设备由各部门建立财产三级账，以便随时与财务部核对，做到账账相符，账物相符。

（2）部门使用的各种财产设备实行"谁主管，谁负责"责任制，按照使用说明准确使用，并切实做好日常维护和清洁保养工作，做到物尽其用、正确使用。

（3）财产设备的调拨、出借必须经财务部经理或总经理审核批准，填写财务部印制的固定资产调拨单。私自调拨、出借要追究当事人责任。

（4）财产设备在酒店部门之间转移，由管理部门填写固定资产转移单，并办理设备账、卡的变动手续，同时将其中一联转移单送交财务部备案。

（5）设备因使用日久损坏或因技术进步而淘汰须报废时，必须经酒店工程部进行鉴定和财务经理或总经理批准后才能办理报废手续。

（6）新设备的添置必须经酒店批准，经财务部和本部门共同验收，并填写财务部印制的财产领用单，办理领用手续后，登记入账。

（7）康乐中心每季度应对各部门使用的设备进行一次检查和核对，每年定期清查盘点，确保账物相符，发生盈亏必须查明原因，并填写财务部印制的固定资产盘盈盘亏报告单，报财务部处理。

二、物料用品管理

（1）物料用品主要是指供客人使用的各种物品，包括布件和毛巾类用品、卫生保健用品、文具和服务指示用品、包装用品以及工具类物品、办公室用品和清洁洗涤用具等低值易耗品。

（2）各部门应设有专职或兼职人员负责对上述物料用品的管理工作，按财务部物资管理制度、低值易耗品管理制度和定额管理制度，负责编制年度物料用品消耗计划；按物料用品的分类，建立在用物料用品台账，掌握使用及消耗情况；办理物料用品的领用、发放、内部转移、报废和缺损申报等工作。康乐中心领班负责督导和检查。

（3）各种物料用品的领用，应填写财务部印制的物料用品领用单，经部门经理审核签字后，向财务部仓库领取，并及时登记入账。布件和毛巾类用品以及工具类物品，除因业务发展需要增领外，实行以旧换新的办法，并填写物料用品领用单和财务部统一印制的酒店低值易耗品报废单。报废的物品，应先经部门经理审批，并由财务部统一处理。各种物料用品在内部转移，由相关部门物资管理人员办理转移登账手续。

（4）各种物料用品的消耗、领用、报废、报损情况，每月底由各部门物资管理人员统计、清点一次，并填写物料用品耗用情况月报表，经部门经理审核后，确保统计数字准确，数、物和台账相符。

（5）各部门领班应结合日常管理工作，加强对物料用品使用情况的检查和监督，做到准确使用和合理使用，杜绝浪费。

任务六 康乐日常工作组织管理

饭店康乐部的日常管理是饭店康乐部为了使康乐部服务人员的工作规范和服务质量保持在较高水平上，使来康乐部消费的顾客得到身心上的满足，从而要求康乐部员工在工作中共同遵守的行为准则。

一、康乐部与餐饮部的日常工作沟通与协作

康乐部根据每天的经营情况，填写酒水、香烟领料单，到餐饮部酒水处配齐备足各类酒水饮料等。如有特殊要求，应提前两天通知酒水处，以便充足备货。发现未开封的酒类、饮料有过期、变质、变味等问题，要退回酒水处，由酒水处负责退货和调换。

二、康乐部与客房部的日常工作沟通与协作

与客房部沟通协作，做好康乐部地毯、玻璃清洗及家具的打蜡保养工作；做好康乐中心各部门的绿色植物的配置工作；做好康乐部各类布草的清洗及更换工作。

三、康乐部与保安部的日常工作沟通与协作

康乐部如发现可疑的人或事、可疑的物品或不明物品，在立即做好监控工作的同时，应及时报告保安部。主动与保安部联系，做好易燃、易爆用品的管理和消防设备、消防器材的检查与维护。部门应组织员工自觉参加保安部开展的治安消防培训与演练，提高全体员工的安全防范意识和保安业务知识。部门应主动接受保安部对治安消防工作的指导和检查，对保安部提出的工作建议和意见应及时进行整改，并将整改情况复告保安部。

四、康乐部与工程部的日常工作沟通与协作

部门的员工应自觉接受工程部组织的设施设备使用和保养的知识培训，提高业务技能。接受工程部定期对本部门设施设备的检查，确保各种设备完好。对本部门自查设施设备时发现的隐患，应立即通知工程部及时排除。有重大接待任务，应提前一周通知工程部，便于工程部对场地进行全面整理。使用各种设施设备时，如发现异味、异声、漏电、短路等不安全因素，要立即报告工程部检修。

五、康乐部与财务部的日常工作沟通与协作

康乐部由财务部协助，加强对康乐部各项成本费用的控制和管理。康乐部需要与财务部成本控制员沟通好，做好各种酒水、饮料毛利日清日结核算工作。需要与财务部做好沟通，做好各项收银工作，保证饭店的各项收入"颗粒归仓"。

六、康乐部与人力资源部的日常工作沟通与协作

根据工作需要，向人力资源部提出用工申请，负责做好新晋员工的在岗技能培训。根据本部门的工作需要和人力资源部的安排，做好部门之间员工岗位的调整工作和转岗培训工作。及时做好本部门的考勤统计、汇总、上报人力资源部。本部门员工因故离岗、离职或终止、解除合同，按酒店有关政策和规定，积极配合人力资源部办理各种手续。协同人力资源部，做好本部门员工的技术等级评定考核审核申报。

思考与练习

1. 简述康乐服务质量的含义和包含的内容。
2. 论述优质服务的构成要素。
3. 康乐部员工进行招聘的程序是怎样的？
4. 康乐部设施设备的管理有哪些特点？如何进行管理？
5. 怎样做好康乐部物资的保管工作？
6. 康乐安全管理需要达到的目标是什么？如何进行安全事故的处理？

案例分析

在某酒店的足浴中心，张先生和王先生正闭着眼睛享受着足浴的乐趣。这时，小包间的电话响了，其中一位足疗师在张先生的浴巾上随意擦了一下手，就起身去接电话。原来足浴中心接待前台要其前去端取免费提供的小食。足疗师细心地将张先生的脚用浴巾盖好，匆匆走了出去。随后，端了两碟小食放在客人间的茶几上，请客人享用，自己又继续为张先生按摩足部。但是很奇怪，两位客人都没有动两碟小食。直到临走时，王先生才感叹道："你们一双手可以做那么多事情！"

思考并回答：

请用所学的康乐部相关知识对此案例进行分析。

康乐服务小贴士

——突发事件处理技巧

1. 如何处理喝醉酒到处闹事的客人？

答：应马上通知喝醉酒客人的朋友，把其劝回自己房间或先把其送走，不得已的情况下，才通知保安，以免把事情闹大。

2. 服务员或客人将酒水洒在桌面上，服务员应该怎样做？

答：如果服务员将酒水洒在桌面上，应马上说："对不起，我马上帮您抹掉。"然后用干净抹布抹干桌面，换掉原先的酒杯，用新杯重新再倒酒水；如果是客人不小心自己将酒弄洒，应马上递上毛巾（纸巾），擦掉水迹，再递上纸巾，吸干污物。

3. 客人遗失物品怎样处理？

答：服务员应马上通知经理，负责该段的服务员要站在现场等经理及保安来解决。经理应协同保安部人员仔细检查客人所使用过的地方，询问清楚客人到过的地方以及和哪些朋友在一起，是否朋友拿了去用，同时也检查该服务员，询问当时情况，并立即通知保安检查该员工储物柜，如还没有找到，就让保安做记录，以便以后有线索可以联系该客人，下班后认真检查员工手袋。

4. 客人在厕所跌倒或晕倒怎么办？

答：厕工应马上扶起客人，通知经理。若客人有伤，应立即将其扶到安全的地方稍作休息，用药物稍作治疗，情况严重的话，应让保安将该名客人送到附近医院就医。事先员工要经常留意酒店各个角落的卫生，保持地面干爽清洁。

5. 发现假酒，但酒已打开怎么办？

答：应认真和酒吧讲清楚是否有假，如发现卖的是假酒，应马上向客人道歉，立即通知经理到酒吧换取另一瓶新酒给客人，亲自在客人面前开启并让客人亲自品尝该酒，然后到酒吧把该酒情况进行书面报告，留到明天把酒交给供货商换取新酒。酒吧应注意供货商来货质量。

6. 如果客人投诉房间音响效果不好怎么办？

答：在服务过程中应注意音响的现场效果，有问题立即通知总控室处理。若房间音响经调试仍需转房，但房间已满，服务员应先用礼貌用语安顿好客人，再通知经理，若有空房会马上安排转房，自己亲自入房道歉并通知总控室尽量调好该房间音响，直至有房可转。

7. 当客人携带手提包及其他物品时，你应如何处理？

答：主动提醒客人如果方便，请把东西拿去寄存，如果不方便，应提醒客人保管好自己的物品，以免遗失，造成不必要的麻烦、引起客人的不悦，同时让客人感到服务员良好的职业道德和服务态度。

8. 当班时间，客人盛情邀请你跳舞、饮食或喝酒，你该怎样处理？

答：应先谢谢客人的盛情邀请，然后婉转地告诉客人，公司规定上班时间是不能跳舞和饮食的，否则会受到公司的处罚，请客人原谅。

9. 当客人不小心摔坏杯子，你应该做些什么？

答：用和蔼的语气安慰客人："没关系，请问有没有割伤？"并请客人小心离开座位，立即清理现场，把碎杯扫干净后再请客人坐回座位，让客人感到服务员处处关心、帮助客人排忧解难的周到服务。

10. 若客人向你提出宝贵意见，你该怎样做？

答：在表示虚心接受的同时，应说："非常抱歉！感谢你们的宝贵意见，我马上向我们经理汇报，希望下次能够使你们满意，谢谢！"最后将意见反馈给直属领导。

参 考 文 献

[1] 李玫．康乐服务与管理［M］．上海：上海交通大学出版社，2011.

[2] 吴玲．康乐服务与管理（第二版）［M］．北京：高等教育出版社，2011.

[3] 李丽新．康乐服务与管理［M］．长春：东北师范大学出版社，2014.

[4] 李久昌．酒店康乐服务与管理［M］．郑州：大地传媒大象出版社，2010.

[5] 李舟．饭店康乐中心服务案例解析［M］．北京：旅游教育出版社，2007.

[6] 蒋丁新．饭店管理（第二版）［M］．北京：高等教育出版社，2007.

[7] 刘哲．康乐服务与管理［M］．北京：高等教育出版社，2009.

[8] 刘慧明．康乐经理岗位职业技能培训教程［M］．广州：广东经济出版社，2007.

[9] 万光玲，曲壮杰．康乐经营与管理［M］．沈阳：辽宁科学技术出版社，2000.

[10] 朱瑞明．康乐服务实训［M］．北京：中国劳动社会保障出版社，2006.